W0193946

Rufmord im Internet

So können sich Firmen, Institutionen und Privatpersonen wehren

Christian Scherg

ambition

Bibliografische Information der Deutschen Nationalbibliothek

Die Deutsche Nationalbibliothek verzeichnet diese Publikation
in der Deutschen Nationalbibliografie; detaillierte bibliografische
Daten sind im Internet über http://dnb.d-nb.de abrufbar.

ISBN 978-3-942821-01-8

Nachdruck, auch auszugsweise, verboten.
Kein Teil des Werkes darf ohne schriftliche Einwilligung des Ver-
lages in irgendeiner Form (Fotokopie, Mikrofilm oder ein anderes
Verfahren), auch nicht für Zwecke der Unterrichtsgestaltung, repro-
duziert oder unter Verwendung elektronischer Systeme verarbeitet,
vervielfältigt oder verbreitet werden.

Verlag und Autor machen darauf aufmerksam, dass die im vorlie-
genden Buch genannten Namen, Marken und Produktbezeich-
nungen in der Regel namens- und markenrechtlichem Schutz
unterliegen. Trotz größter Sorgfalt bei der Veröffentlichung können
Fehler im Text nicht ausgeschlossen werden. Verlag und Autor übernehmen deshalb für fehlerhafte Angaben und deren Folgen keine
Haftung. Sie sind dennoch dankbar für Verbesserungsvorschläge
und Korrekturen.

www.ambition-verlag.de

Lektorat: concepts4u, München
Satz & Layout: Bora-dtp, München
Umschlaggestaltung: Groothuis, Lohfert und Consorten,
Hamburg / www.glcons.de
Umschlagabbildung: Revolvermänner GmbH

Druck und Bindung: Westermann Druck Zwickau GmbH

Printed in Germany

Inhalt

Dank

Der Autor dankt seiner Frau Simone und seinem Sohn Maximilian für ihr nicht enden wollendes Verständnis, das es ihm erlaubt hat, die Arbeit an diesem Buch intensiv voranzutreiben.

Jenen Mitarbeitern der Revolvermänner für ihre unermüdlichen Anregungen und profunden Beiträge: Tobias Looschelders, Lars Niggemann, Peter Pesch, Marcel Rotzoll. Besonderer Dank gilt Daniel Nemeyer für seine fundierte Recherche und seine engagierte Hilfe während der Abfassung des Manuskripts.

Dem Verlag dankt der Autor für die vorbildliche Zusammenarbeit.

Gun for hire – oder: Warum Reputationsmanagement wichtig ist

Rufmord im Internet ist eine seltene Ausnahmeerscheinung, denn das Internet ist ein harmonischer Ort und wird ausschließlich von netten, aufgeschlossenen und altruistischen Mitmenschen bevölkert. Wäre dies der Fall – Reputationsrisiken stünden heute nicht auf Platz eins der Prioritätenliste von Unternehmensmanagern[1] und ich hätte einen anderen Beruf.

Rufmord im Internet ist längst ein Alltagsphänomen, von dem über kurz oder lang jeder betroffen sein kann. Denn das Internet ist eine regellose Spielwiese, auf der jeder im Schutze virtueller Anonymität, nach Belieben, anderen übel nachreden, sie verleumden, diffamieren, ja sogar ihre gesamte Existenz zerstören kann – und dies, ohne Konsequenzen fürchten zu müssen. Wäre das der Fall, wäre es längst zu spät und ich hätte mir eine Menge Zeit und Arbeit für dieses Buch ersparen können.

Da Sie dieses Werk aber in Händen halten, glauben Sie mir vielleicht, dass weder die eine noch die andere Aussage zutreffend ist: Die virtuelle Welt ist genauso komplex und vielschichtig wie die reale Welt, die uns Tag für Tag umgibt und mit deren gesellschaftlichen Werten, kommunikativen

Gepflogenheiten und juristischen Normen wir umzugehen gelernt haben.

Und genau das ist auch der entscheidende Unterschied zwischen realer und virtueller Welt: Während die meisten von uns auch vor Eduard Zimmermanns Sendung „Nepper, Schlepper, Bauernfänger" schon eine Ahnung davon hatten, welche Grauzonen, welche Lügen oder Halbwahrheiten und möglichen Angriffe auf ihre Person sie in der realen Welt zu befürchten haben, fehlt vielen dieses Bewusstsein im Internet gänzlich.

Dabei ist es nicht unwahrscheinlich, online auf vorsätzlich gestreute Unwahrheiten zu treffen. Eine Studie zeigt, dass 23 Prozent aller Internet-Nutzer über 14 Jahren im Web schon einmal falsche Angaben über sich gemacht haben. Das entspricht rund 12 Millionen Deutschen. Jeder Sechste, der im Netz schon einmal gelogen hat, will sich der Umfrage zufolge „im Internet ausleben, ohne negative Folgen" befürchten zu müssen. Jeder 20. hat schlicht Spaß daran, andere an der Nase herumzuführen.[2]

Schwarze Punkte auf weißem Bildschirm

Meinungsbildung funktioniert im virtuellen globalen Dorf grundsätzlich nicht anders, als sie in den Dörfern oder Kleinstädten funktionierte, die wir vom Hörensagen oder gar aus eigener Erfahrung kennen: Menschen verbreiten Gerüchte, die – je nach Potenzial – irgendwann zu Nachrichten werden, um sich schließlich als Gewissheit in unserem Bewusstsein festzusetzen. Ein jüdisches Sprichwort sagt: „Wenn alle sagen, dass du pleite bist, ist es egal, wie viel Geld du auf dem Konto hast."

Wird dieses alltägliche Gerede jedoch vom Marktplatz der Kleinstadt in die virtuelle Welt des „Global Village" transponiert, kann es sehr schnell gefährlich werden. In der virtuellen Welt fehlen die Korrekturmechanismen, die in der realen Welt in aller Regel dafür sorgen, dass einem alltäglichen und womöglich haltlosen Gerücht nicht zwangsläufig der Bankrott folgt.

Wenn im Dorf herumerzählt wird, dass Bauer A seit Neuestem Probleme hat, sein Saatgut zu bezahlen, dann wird Bauer C sich sehr genau überlegen, ob er Bauern B die Nachricht glaubt, die er ihm gerade erzählt. Denn während dieser spricht, kann er seinem Gegenüber in die Augen sehen, er nimmt seine Mimik, seine Körpersprache wahr, er kennt die Beziehungen zwischen den beteiligten Personen und die Stimmung, in der dieses Gerücht verbreitet wird – und so fällt es leicht, sich seine eigene Meinung zu bilden und zwischen einer wohlgemeinten Warnung und einem üblen Scherz zu unterscheiden – wir alle tun das tagtäglich.

Transponieren wir dieses Beispiel in die virtuelle Welt, dann kennt Bauer C weder Bauern A noch B persönlich: Sie erscheinen lediglich als beliebig gewählte User-Namen auf dem Bildschirm, als ein paar schwarze Pünktchen auf einem weißen Monitor-Hintergrund. Direkter Kontakt, Bekanntschaft gar, die spezifische Situation, in der Gerüchte verbreitet werden – also all die subtilen zusätzlichen Signale, die zu Skepsis, Ablehnung oder auch Zustimmung führen könnten – fehlen. Erschwerend kommt hinzu, dass wir täglich mit einer ständig wachsenden Masse von Gerüchten, Informationen und vermeintlichen Neuigkeiten im Web konfrontiert werden.

Allein auf der Microblogging-Plattform Twitter veröffentlichen mehr als 260 Millionen Nutzer 155 Millionen Nachrichten – jeden Tag.[3] Bei einem derartigen „Informationsüberschuss" ist es offensichtlich, dass eine detaillierte Recherche zur Überprüfung des Wahrheitsgehaltes bestimmter Aussagen bestenfalls selektiv erfolgen kann. Alles dies führt dazu, dass es im Internet leichterfällt, ein Gerücht als vermeintliche Wahrheit aufzunehmen und weiterzutragen.

Finden wir uns in diesem Beispiel plötzlich in der Rolle des Bauern A wieder, hat das womöglich fatale Folgen, denn online glaubt das ganze virtuelle Dorf in Windeseile, dass wir tatsächlich pleite sind, ganz gleich, was wir in Wirklichkeit auf dem Konto haben. Eine Studie dazu besagt, dass 80 Prozent aller Reputationsschäden für Unternehmen aus der Diskrepanz zwischen den im Web verbreiteten Gerüchten und der realen Faktenlage resultieren.[4]

Natürlich gibt es die Möglichkeit, hier Einspruch zu erheben – doch oft genug bewirken die Versuche, sich gegen anonyme Angriffe aus dem Internet zur Wehr zu setzen, das genaue Gegenteil. Das Gros der Online-Gemeinde unterstellt automatisch: Wenn jemand – gar mit juristischem Nachdruck – bestimmte Aussagen verbieten oder negative Bewertungen löschen lassen will, dann muss da ja etwas dran sein!

Tatsache ist: Das Internet setzt die Regeln, nach denen in der realen Welt Auseinandersetzungen geführt werden, unsere alltägliche Meinungsbildung und auch unser Geschäftsleben funktionieren, in vielen Bereichen einfach außer Kraft. Zugleich kann das, was in der virtuellen Welt geschieht, durchaus reale Konsequenzen haben, denn die virtuelle Welt ist längst ein integraler Bestandteil unserer Realität geworden: So geben 95 Prozent aller Unternehmer den Namen ihres Gegenübers vor dem ersten Treffen in eine Suchmaschine ein. 57 Prozent machen wichtige geschäftliche Entscheidungen von den Ergebnissen abhängig, die sie bei ihrer Recherche im Netz über eine Person oder ein Unternehmen vorgefunden haben.[5]

Die Revolvermänner

Die Revolvermänner GmbH, die Firma die ich 2007 gegründet habe, beschäftigt sich mit der Entwicklung von Online-Strategien – im Speziellen: mit Reputationsmanagement im Internet: Wir bieten digitalen Personen- und Objektschutz – Online-Reputationsmanagement, oder kurz ORM. Wir haben es uns zur Aufgabe gemacht, den Ruf von Personen, Unternehmen und Institutionen im Internet zu schützen und – wenn der Ernstfall bereits eingetreten ist – eine unter schwerem Feuer stehende Reputation auch wirkungsvoll zu verteidigen.

Zugegeben: Der Name unserer Firma ist provokant, und während er bei den einen Begeisterung auslöst, führt er bei anderen bisweilen auch zu Missverständnissen. Dennoch wurde er nicht ohne Bedacht gewählt und hat oft genug auch die gewünschte Wirkung gezeigt.

Wir sind keine „Hired Guns", und weder meine Mitarbeiter noch ich sehen uns aufgefordert, jeden Konflikt, mit dem wir beim Reputationsmanagement konfrontiert sind, bis zum „Final Shootout" – also bis zur höchsten Eskalationsstufe – durchzufechten. Im Gegenteil: Wir sehen unsere Aufgabe in der Deeskalation. Wenn es um Online-Reputationsmanagement geht, führt wechselseitiges Wettrüsten erfahrungsgemäß nicht zu einem „Gleichgewicht des Schreckens", sondern unweigerlich zum „Overkill".

Gibt es einen patentierten Schutz gegen Rufmord im Internet?

Grundsätzlich sollte professionelles Reputationsmanagement in erster Linie darin bestehen, Reputationsprobleme im Internet von vorneherein zu vermeiden. Dazu allerdings wäre es erforderlich, dass sich die Gefährdeten – Privatpersonen ebenso wie Unternehmen oder Institutionen – rechtzeitig beraten ließen und fortlaufend ihre Reputation überwachten.

Nur so kann man früh genug präventive Strategien entwickeln und Vorsorge treffen. Zwar sind sich 58 Prozent aller Führungskräfte heute einig, dass Reputation ein wichtiges Thema ist, über welches das Top-Management ständig informiert sein sollte, andererseits unterziehen aber gerade mal 15 Prozent ihre Unternehmensreputation einem permanenten Monitoring.[6]

Ein sträflicher Fehler, denn gerade die umfassende Kenntnis der Sachlage ist in einem schwer zu greifenden und dynamisch agierenden Medium die Grundbedingung, um im Ernstfall schnell und effektiv Entscheidungen zu treffen.

So viel sei vorab gesagt: Die „1000 besten Tipps und Tricks gegen Online-Rufschädigung" werden Sie in diesem Buch vergeblich suchen. Der Grund: Jede Attacke auf die Reputation einer Person, eines Unternehmens oder einer Institution ist im Hinblick auf die ihr zugrunde liegenden Parameter einzigartig und muss daher entsprechend individuell bewertet und beantwortet werden. Bei allen Entscheidungen muss gefragt werden, welche Motivation und wie viel Sprengkraft hinter einem Angriff steht, wie dieser im Detail geführt wird und welche Konsequenzen sich kurz-, mittel- und langfristig für die persönliche Reputation oder die Reputation eines Unternehmens oder einer Institution ergeben könnten.

Hier gilt es immer wieder abzuwägen: Manch ein ungerechtfertigter Angriff verschwindet eher, wenn man ihn ignoriert und nicht vorschnell überreagiert. Dennoch heißt „Ruhe bewahren" nicht „Augen zu und durch": Wer eine Attacke falsch einschätzt und den richtigen Zeitpunkt zur Reaktion verpasst, befindet sich online ebenso wie offline beinahe unrettbar in der Defensive: Weltunternehmen wie BP, Nestlé oder Toyota haben uns gezeigt, wie eine falsche Strategie ein Reputationsproblem eskalieren lässt.

Ebenso finden Sie in diesem Buch Belege dafür, dass „Reagieren" nicht mit „aktivem Ignorieren" verwechselt werden darf: Wer berechtigte Kritik – etwa an einem Produkt – bewusst ignoriert, der schadet damit unmittelbar seiner Glaubwürdigkeit und damit letztlich auch dem Absatz seines Produktes.

Zudem müssen Sie sich innerhalb einer Organisation immer fragen, wer denn reagieren soll? Ihr professionelles PR-Team, der CEO persönlich, ein externer Blogger oder – im Zuge der Glaubwürdigkeit – doch lieber ein interner Mitarbeiter, der die Situation quasi „aus erster Hand" schildern kann? Sie müssen sich fragen: Wer sind meine Adressaten, also: Welche Stakeholdergruppen sind betroffen, und wie bewertet das Risikocontrolling den Fall? Welche Gefahren gehe ich ein und wie viel Schaden kann meine Marke nehmen, wenn ich die sozialen Netzwerke einfach abschalte und komplett aus der Unternehmenskommunikation ausspare?

Reputationsmanagement bezieht seine Effektivität aus einem interdisziplinären Verständnis: Die PR-Abteilung drängt auf ein schnelles Statement, um sich zu positionieren, das Marketing sieht den Markenwert gefährdet und hat die Stakeholder im Fokus des Kommunikationsinteresses, und der IT-Bereich drängt womöglich darauf, den Zugang zu Social-Media-Kanälen am Arbeitsplatz komplett abzuschalten, um nicht noch weitere „undichte Stellen" zu schaffen, die den Reputationsangriff von innen heraus befeuern.

Gerade aufgrund der hohen thematischen Komplexität von Reputationsmanagement ist es notwendig, eine professionelle, externe Moderation der notwendigen Prozesse einzuschalten, sich also im Zweifelsfall Beratung zu suchen, bevor man übereilt Maßnahmen ergreift.

Wir dürfen nicht vergessen, dass Reputation und Glaubwürdigkeit in unserer globalisierten Wirtschaft von höchster Bedeutung sind. Gerade in Krisenzeiten ist die Reputation für 83 Prozent der – trotz allgemein schlechter wirtschaftlicher Bedingungen – erfolgreich wachsenden Unternehmen der wichtigste Faktor, um einerseits neue Kunden zu finden und andererseits bestehende Kunden zu halten.[7]

In der Vergangenheit ließen sich solche Werte jedoch viel leichter verteidigen. Man vergaß nur allzu rasch, dass es sich überhaupt um Werte handelt. Früher ließen sich bestimmte Produkt-Defizite räumlich oder zeitlich eindämmen, weil die Medien schwerfällig genug waren, um etwaige an der Westküste Amerikas auftretende Produktmängel sofort der europäischen Öffentlichkeit kundzutun.

Es blieb den Unternehmen also in der Regel genug Zeit, sich kommunikativ und innerhalb seiner internen Prozesse in Ruhe auf die mediale Konfrontation vorzubereiten.

Im Rahmen weltumspannender Wertschöpfungsketten und unter den Bedingungen der Online-Kommunikation hat sich diese Situation grundlegend geändert: Wer heute über einen Internet-Zugang verfügt – und sei es nur den Twitter-Account auf einem handelsüblichen Smartphone – besitzt damit auch das Rüstzeug, selbst einen global agierenden Konzern wirkungsvoll anzugreifen. So ausgestattet ist es jedem möglich, diffamierende Äußerungen in Umlauf zu bringen oder solche Äußerungen von Dritten aufzunehmen, weiterzugeben und damit abermals zu verstärken.

Die Bandbreite dieser Attacken ist bemerkenswert: Einige dieser Angriffe sind einfach nur unberechtigt; sie werden aus verletzter Eitelkeit oder wegen banaler Rachegelüste gestartet – oder um einem Wettbewerber Schaden zuzufügen. Andere mögen wohl einen moralisch nachvollziehbaren Anlass haben, schießen aber in ihren Konsequenzen weit über jedes vertretbare Ziel hinaus. Wieder andere werden einfach aus Unwissenheit, ohne bösen Willen, ja sogar ohne Absicht angestoßen. Und einige davon sind vielleicht sogar durchaus berechtigt: Sie legen den Finger in Wunden, die längst existierten und hätten behandelt werden müssen.

Es zeigt sich, dass es eine Vielzahl an unterschiedlichen Ausprägungen und Variationen gibt, wie der Ruf von Privatpersonen, Unternehmen und Institutionen im Internet angegriffen werden kann.

An dieser Stelle möchte ich betonen, dass nicht alle Fallbeispiele, die in diesem Buch ihren Platz gefunden haben, einen klassischen Rufmord im juristischen Sinne darstellen. Sie beleuchten jedoch die Mechanik und Komplexität von Online-Rufschädigung. Die individuellen Schicksale und Szenarien dokumentieren eindrucksvoll die Tragweite der Prozesse und unterschiedlichen Interventionsmöglichkeiten im Rahmen des Reputationsmanagements.

Doch so unterschiedlich Auslöser und Ergebnis von Online-Reputationsattacken auch sein mögen, eines ist ihnen allen gemein: Sie alle erfordern ein rasches, konsequentes und auf die jeweilige Situation angepasstes Handeln.

Auch existiert eine große Bandbreite von potenziellen Opfern: Es gibt arglose Unternehmer, die sich völlig unvorbereitet damit konfrontiert sehen, dass irgendjemand – womöglich ein Mitbewerber? – sie auf Bewertungsportalen unter Beschuss nimmt. Ebenso gibt es Opfer von Stalkern und Kriminellen. Die Tendenz ist leider steigend:

„Die Polizeiliche Kriminalitätsstatistik 2009 verzeichnet 206.909 Delikte im Internetbereich. Im Jahr 2008 markierten die Ermittler noch 167.451 Straftaten mit der Sonderkennung ‚Tatmittel Internet'. Das entspricht einem Zuwachs um 23,6 Prozent."[8]

Für alle Opfer gilt: Sie fühlen sich persönlich verletzt und sehen ihre Existenz bedroht. Viele von ihnen wollen Rache: Mehr als einmal wurden wir als Agentur mit dem Auftrag konfrontiert: „Jagen Sie denen richtig Angst ein!" Auch wenn dieses Ansinnen im Einzelfall durchaus nachvollziehbar ist, so ist es doch nur in sehr seltenen Fällen die Option, die wir wählen.

Das liegt in der Natur der Sache, denn ebenso wenig wie Reputation ein Accessoire, eine Brosche ist, die man sich zu festlichen Anlässen ans Revers steckt, genauso wenig besteht professionelles Reputationsmanagement aus einer Auswahl technischer Tricks, mit denen sich Suchmaschinen überlisten lassen, man binnen kürzester Zeit Tausende positiver Meldungen im Internet platziert oder illegale „Prangerseiten" auf ausländischen Servern kontrolliert.

Holistisches Reputationsmanagement

Natürlich gibt es diese Methoden und man kann sie auch verkaufen.

Mit Reputationsmanagement haben sie allerdings nur wenig zu tun. Es sind gewissermaßen nur einzelne Farben auf einer Palette. Wer allerdings das ganze Bild malen will – und nicht nur seine Grautöne –, der braucht das gesamte Farbspektrum.

Um diese volle Palette nutzen zu können, gilt es, selbstkritisch die Anlässe der Reputations-Attacke zu bewerten. Angriffe auf die Reputation sind Angriffe auf die Glaubwürdigkeit einer Person, eines Produktes, eines Unternehmens. Also müssen wir selbstkritisch fragen, wie berechtigt diese Angriffe sind: Hat es vielleicht tatsächlich Fehler gegeben? Nur wer bereit ist, eigene Schwächen in Augenschein zu nehmen, an ihrer Beseitigung zu arbeiten und sich bei öffentlichen Vorwürfen nicht zurückzuziehen, kann auf Dauer Schaden von seiner Reputation abwehren. Wer sich dagegen für unangreifbar hält, der ist schon in die erste Falle gegangen.

Erfolgreiches Reputationsmanagement ist keine oberflächliche Schönheitskorrektur, kein taktisches Bedienen von Social Media und keine strategische Suchmaschinenoptimierung. Dies alles sind nur Werkzeuge. Dass wir Revolvermänner diese und andere Werkzeuge beherrschen, gehört zu unserem Handwerk.

Aber: Es geht im Reputationsmanagement nicht um Stimmungsmache, sondern um Meinungsbildung. Und Meinungen benötigen ein solides Fundament und eine an die modernen Medien angepasste, glaubwürdige Kommunikation – weg von der stereotypen Einbahnstraße, weg von einer über Jahrzehnte von den Unternehmen aufgrund fehlender oder bewusst nicht beachteter Resonanzkanäle kultivierten PR- und Marketing-Kunstsprache, hin zu einem wirklichen Dialog mit dem durch die virtuelle Welt umso realer werdenden Adressaten. Und dank Internet und Social Media bekommt man jetzt plötzlich sogar Resonanz.

Letztlich lässt sich Rufmord im Internet – also Angriffe auf die Reputation von Personen, Unternehmen oder Institutionen – nur dann wirksam abwenden und verhindern, wenn die Inhalte und Werte, die die eigene Reputation verspricht oder gar verkörpert, nicht einfach nur schöne und von Agenturen glattgebügelte Worte auf einer Plakatwand oder Internetseite sind. Werte bilden die Basis der Reputation – sie sind ein persönliches Versprechen, das Kunden, Partnern und auch Freunden eine Prognose ermöglicht, wie seriös, wie verlässlich, wie vertrauenswürdig wir alle in Zukunft wohl sein werden.

1

iShareGossip
ist nur der Anfang

Als Andy Warhol 1968 den viel zitierten Ausspruch „15 Minutes of Fame" – 15 Minuten Ruhm – prägte, sprach er über eine Gesellschaft, deren Weltbild sich über die Medien seiner Zeit – allen voran das Fernsehen – konstituierte. Es ging um die Idee, dass jeder für einen kurzen und überschaubaren Zeitraum berühmt werden könne. In unserer heutigen Welt, die sich immer stärker über das Internet definiert, bekommt Andy Warhols Aussage neue und zunehmend bedrohlichere Dimensionen.

Wo ist die Grenze zwischen 15 Minuten Ruhm und dauerhafter Rufschädigung bis hin zum medialen Rufmord? Fest steht: Lange waren es eher Prominente, die Rufmordattacken ausgesetzt waren. Mit dem rasanten Wandel der Medien in der vernetzten Welt hat sich jedoch auch der Kreis potenzieller Rufmordopfer grundlegend gewandelt: Im Internet kann es prinzipiell jeden treffen. Prominente, Nicht-Prominente, Unternehmen, Unternehmer, Schüler, Lehrer, Nachbarn. Oder Musiker – so wird etwa später in Kapitel 2 dieses Buchs der Leidensweg des Musikers Bruno Leicht nachgezeichnet. Ausgangspunkt für die Attacken gegen ihn war schlicht und ergreifend die Liebe zur Jazzmusik. Umgekehrt können prinzipiell alle diese Gruppen nicht nur Opfer, sondern auch Auslöser von Rufmord und somit Täter sein. Ein Beispiel dazu wird in diesem Buch in Kapitel 3 dargestellt. Dort wird aufgezeigt, wie Rufmord an einem Betreiber eines Internetportals praktiziert wird. Opfer ist Stefan Loipfinger, der Missstände bei verschiedenen Spendenorganisationen aufgedeckt hat und sich seitdem Verleumdungen ausgesetzt sieht. Zu Beginn geht es aber um Schüler und Lehrer, denn insbesondere die junge Generation ist im Internet eine der aktivsten Gruppen und nutzt die sozialen Netzwerke, um miteinander zu kommunizieren und ihre Schulhofdifferenzen in der virtuellen Welt auszutragen.

Altes Phänomen, neu verdichtet

Noch nie sei es Menschen so leicht gemacht worden, andere Menschen zu demütigen, hieß es in der *Welt am Sonntag*.[9] *Spiegel*, *Fokus* und weitere Medien sprechen vom Cyber- beziehungsweise Online-Mobbing oder alliterieren eine „Pöbel-Plattform" herbei.[10] Die Rede ist von der Website „iShareGossip", was so viel bedeutet wie „Ich verbreite Tratsch".

Der Name soll angeblich der beliebten TV-Teenieserie „Gossip girl" entlehnt sein. Längst ist die Seite ähnlich bekannt wie die Serie, allerdings ist es ein zweifelhafter Ruhm: iShareGossip wird eine „führende Rolle"[11] beim Verunglimpfen und Diffamieren von Schülern und Lehrern zugesprochen. Und spätestens seit es zu Hetzjagden, Prügeleien mit Krankenhausfolge und realen Duellen von Opfern und Tätern gekommen ist, wurde die psychische Komponente des Internet-Lästerns auch um die physische erweitert. So schlugen beispielsweise etwa 20 Jugendliche einen 17 Jahre alten Berliner brutal zusammen, weil dieser die Online-Mobber seiner Freundin zur Rede stellen wollte.[12] In einem weiteren Fall, der auf Mobbing bei „iShareGossip" zurückgeht, konnten Mitschüler einen bereits verletzten 15-Jährigen vor etwa 15 bis 20 Jugendlichen gerade noch in

Sicherheit bringen.[13] Das Online-Mobbing ist also – mitsamt seinen bedauerlichen Auswirkungen – längst auch „IRL" angekommen. Mit IRL („in real life") bezeichnet die Internet-Szene das Leben eines Menschen außerhalb seiner virtuellen Online-Aktivitäten.

Was steckt dahinter? Dass im Internet gelästert wird, ist bei weitem nicht neu. Schon seit Jahren werden Kommentare inhaltlich je nach Forum und User gelegentlich mehr oder weniger tief unter der Gürtellinie geschrieben. Der Unterschied: In den meisten Internet-Foren geht es um Themen, die alltäglich diskutiert werden. Es geht um Sport, Musik, Filme, Stars. Wenn dabei Streitgespräche zustande kommen, im Einzelfall Verleumdungen oder im Extremfall sogar das Stalking einzelner Forumsmitglieder oder -gäste die Folge sind[14], ist dies für den Betroffenen zweifelsohne schlimm. Doch zumindest ist das gezielte Mobbing und Bloßstellen von Personen in der Regel niemals das zugrundeliegende Ziel des jeweiligen Forums. Dies gilt auch für soziale Netzwerke.

Ein Beispiel ist das Schülerverzeichnis „SchülerVZ". Zwar gab es bei Schüler-VZ durchaus den einen oder anderen Eintrag, der sich gezielt gegen einzelne Personen (meist Lehrer) richtete. Allerdings gibt es innerhalb der VZ-Netzwerke einen klaren Verhaltenskodex seitens der Betreiber und diffamierende Aussagen werden umgehend entfernt. Auch das Interesse der User an Online-Communities wie SchülerVZ ist überwiegend anders motiviert: In rund 80 Prozent der Fälle macht es den Nutzern schlicht und ergreifend Spaß, in den Online-Profilen der anderen zu stöbern. In jeweils rund drei Viertel der Fälle lockt die im Vergleich zur realen Welt geringere Hemmschwelle, jemanden anzusprechen oder auf ihn zuzugehen, sowie die Aussicht, neue Freunde zu finden. Weniger als 50 Prozent der Nutzer sind der Ansicht, dass man in einer Community „andere gut ärgern" kann.[15]

Bei Seiten wie iShareGossip hingegen nimmt dieser Aspekt die dominierende Stellung ein. Es geht genau darum:

andere zu ärgern (im harmlosen Fall) oder zu mobben (im schlimmsten Fall). Der Angriff auf Personen ist eines der zentralen Themen des Portals und nicht wie bislang ein mögliches – dabei aber natürlich keineswegs gutzuheißendes – Nebenprodukt der Aktivitäten der Nutzer. Seiten wie iShareGossip verdichten das alte Phänomen des Lästerns im Internet, indem sie es von Themen und Inhalten entkoppeln, und heben das Bloßstellen von Menschen auf ein bedauernswert hohes Läster-Niveau.[16]

Ein weiterer Unterschied ist, dass auf den sogenannten Prangerseiten im Internet endgültig alle Schamgrenzen zu fallen scheinen. Es gibt Einträge über Mitschüler, die angeblich in der Umkleidekabine onanieren, und Einträge über deren vermeintliche sexuelle Vorlieben und Zahl der Sexualpartner. Lehrer werden als „Schwuchtel" oder „Schlampe" bezeichnet.[17] All dies ist auf iShareGossip eher die Regel als die Ausnahme. Das Perfide daran: Während die Opfer namentlich genannt und aufs Schlimmste beleidigt werden können, bleibt der Mobber selbst anonym. Die Internetseite lockt sogar damit, setzt die Anonymität als Marketinginstrument ein. Die IP-Adressen der Jugendlichen, die sich auf der Seite äußern, würden weder gespeichert noch weitergegeben – nicht an Lehrer, nicht an andere Schüler, nicht an die Polizei (versichert zumindest der Betreiber). Die Seite sei zudem zu „100 Prozent legal".[18]

Doch wirklich 100-prozentig sicher, dass sich alles im legalen Bereich abspielt, scheint der Betreiber nicht zu sein. Denn dieser will wie seine User anonym bleiben und gibt seinen Namen nicht preis. Dabei ist das Interesse an den Personen hinter der Website längst bemerkenswert groß. Die Website ist im Ausland gemeldet. Dies erschwert sowohl die Gegenwehr der Betroffenen Mobbing-Opfer[19] als auch die Suche nach den Verantwortlichen für die Website. Der *Frankfurter Allgemeinen Zeitung* zufolge ist die Oberstaatsanwaltschaft für Internetkriminalität immerhin „verhalten optimistisch, dass es uns gelingt, den Betreiber ausfindig zu machen". Angemeldet wurde die Domain Medienberichten zufolge in Amerika, in Schweden wird sie gehostet. Anfänglich stand eine neuseeländische Briefkastenfirma im Impressum, seit Februar 2011 wird eine Anschrift im lettischen Riga genannt. Dennoch ist äußerst zweifelhaft, ob die Seite überhaupt jemals vom Ausland aus betrieben wurde. Vielmehr kursiert das Gerücht, dass der Betreiber in Berlin sitzen soll. Dort soll er selbst bis vor kurzem Schüler gewesen sein. Es seien auch bereits Namen im Umlauf.[20]

Ob Schulschließung wegen Amokdrohungen[21] oder gravierende negative psychische Folgen, die bis hin zum Selbstmord reichen können[22] – die Verantwortung für die Auswirkungen schieben der oder die Website-Betreiber von sich. „Nicht die Seite ist schlimm. Die Nutzer machen sie zu dem, was sie ist", soll einer der Betreiber gesagt haben. Und: „Wenn wir die Seite schließen würden, machen andere weiter. Das ist ein Kreislauf, eine logische Konsequenz des Internets."[23]

Mehrwert als Gefahr

So wenig Sympathie man für den noch namenlosen Betreiber der Website aufbringen mag – es ist durchaus möglich, dass er mit seinem oben zitierten Satz in gewisser Hinsicht recht behält. Andere werden weitermachen. Und zwar weit über das Prinzip seiner Seite hinaus: Es besteht die grundsätzliche Gefahr, dass Menschen einer bestimmten (Teil-)Öffentlichkeit einer immer größeren Allgemeinheit ausgesetzt werden. Bei iShareGossip handelt es sich um Schüler und Lehrer, die – so schlimm die Diffamierungen auch ausfallen – immerhin weitgehend unter sich bleiben. Eine noch größere negative Durchschlagskraft ist in Feldern zu befürchten, die einen sozialen Mehrwert suggerieren oder gar einen gesamtgesellschaftlichen Nutzen.

Dieser Mehrwert gründet meist darauf, dass grundsätzliche Ängste der Bevölkerung instrumentalisiert werden – beispielsweise die Angst vor Kriminalität. Webseiten, die solche Ängste aufgreifen, sind oft als eine Art Personenverzeichnis angelegt, wobei die Personen in Verbindung mit (meist besonders prekären) Straftaten gebracht werden. Ziel der Webseiten ist es, vor den dargestellten Personen zu warnen. Dafür werden sie durchaus auch inklusive des Wohnsitzes genannt und mit Foto dargestellt. Argumentiert wird meist wie folgt: Die Bevölkerung wird so zum einen durch die bessere Kenntnis darüber geschützt, ob und welche Straftäter sich in welcher Nachbarschaft aufhalten. Zum anderen erhoffen sich die Betreiber eine abschreckende Wirkung, also eine Art präventive Verbrechensbekämpfung – denn man muss als Täter damit rechnen, öffentlich an den Pranger gestellt zu werden. Dies klingt wie Zukunftsmusik? Keineswegs – entsprechende Websites gibt es bereits heute.

Vor allem in den Vereinigten Staaten gab und gibt es immer wieder Fälle, in denen Webseiten einen Pranger-ähnlichen Charakter aufweisen, aber nicht das Denunzieren von Menschen in den Vordergrund stellen, sondern eben Mehrwert in Form von Schutz für die Gesellschaft versprechen. Häufig handelt es sich sogar um Behörden, die solche Seiten betreiben. Ein noch vergleichsweise harmloses Beispiel ist eine Website, auf der Steuerhinterzieher namentlich bloßgestellt wurden. Die amerikanische Steuerbehörde IRS (Internal Revenue Service) hat vor kurzem eine Liste von Personen veröffentlicht, die wegen Steuerhinterziehung verurteilt worden waren. Neben dem Namen wurden auch die Höhe der vor den US-Behörden versteckten Geldsumme sowie die Strafe für die jeweilige Person im Internet öffentlich gemacht.[24]

Ein zweites Beispiel: In Chicago ist Prostitution illegal. Um potenzielle Täter im Vorfeld abzuschrecken, stellt die Polizei die Fotos von Männern online, die sich dennoch auf Prostituierte eingelassen haben und dabei ertappt wurden. Für die Dauer von 30 Tagen werden Name, Alter und Adresse öffentlich gemacht.[25] Ein noch extremeres Beispiel ist das Portal „Familywatchdog". Die Website soll Eltern helfen, verurteilte Kinderschänder in der Nachbarschaft ausfindig zu machen. Per Mausklick lassen sich Name, Adresse und Foto anzeigen.[26]

Ob Steuerhinterzieher, Freier, die sich mit illegalen Prostituierten einlassen, oder Sexualstraftäter – der Grat zwischen dem beabsichtigten Nutzen, einerseits Menschen vor Straftätern zu schützen, andererseits dabei aber nicht in Bereiche des Voyeurismus oder mittelalterliche Pranger-Methoden zurückzufallen, ist bedenklich schmal. Noch größere Gefahren ergeben sich dann, wenn das Prinzip des gesellschaftlichen Mehrwerts durch Pranger-Webseiten nicht auf eine Initiative von öffentlicher Seite, sondern von privaten Betreibern ausgeht. Denn in diesem Fall gibt es häufig keine Kontrollinstanz, die über die Seite wacht. Ein Beispiel, in dem ein privater Betreiber einen Mehrwert für den Nutzer versprach, ist die Website „dontdatehimgirl". Hier wird die Angst, in einer Beziehung enttäuscht zu werden, instrumentalisiert – indem Frauen vor Männern warnen (oft vor ihren Ex-Männern oder Ex-Freunden). Es gehört nicht viel Phantasie dazu, sich die Emotionalität vorzustellen, die in vielen Fällen dahintersteckt. Die Kommentare dienen dazu, andere Frauen vor einem ersten Date mit dem potenziellen neuen Partner über die Person aufzuklären – ein scheinbarer Mehrwert also, wenn schon im Vorfeld einer Beziehung die falschen Männer aussortiert werden können. Der weiblichen Internet-Community wird empfohlen, doch besser die Finger von bestimmten Männern zu lassen, Name und Foto inklusive. Die Folgen für das soziale Leben des Betroffenen dürften auf der Hand liegen.

Ein weiteres Beispiel eines privaten Betreibers mit Mehrwert-Versprechen war die Seite „rottenneighbor". Hier konnten Informationen über Personen aus der eigenen Nachbarschaft gepostet werden – mit komplettem Namen und der konkreten Anschrift. Über Google Maps wurde der Eintrag per Symbol in die Umgebungskarte der jeweiligen Stadt eingebunden. Die „hässliche fette Frau" oder der „Drogendealer" nebenan wurden so per Adresse und Satellitenbild direkt verortet.[27] Ähnlich wie bei iShareGossip gab es also eine Form des öffentlichen Denunziantentums im Internet.[28] Im Unterschied zu iShareGossip ging es dabei aber nicht um das Lästern oder Denunzieren allein, sondern vielmehr um einen konkreten Nutzen für die User – Umzugswillige sollten sich vorher ein Bild machen können, ob sie in eine bestimmte Nachbarschaft ziehen sollten oder besser nicht.

Grundsätzlich ist dies sicherlich keine schlechte Idee. Allerdings wurde nicht kontrolliert, ob die Beschuldigungen auf der Seite auch wirklich den Tatsachen entsprachen.[29] Die Grenze zwischen dem potenziellen Mehrwert im Sinne einer Entscheidungshilfe für oder gegen einen Umzug und einer inhaltsleeren Pranger-Website, auf der auch zurückliegende Konflikte mit dem Gesetz veröffentlicht wurden, geriet immer verschwommener. Über die ethisch-moralische Komponente, auf der unser Rechtssystem fußt – nämlich, dass Menschen, die wegen einer Straftat verurteilt wurden und diese verbüßt haben, damit auch wieder ein Anrecht auf ein normales Leben haben, schweigen wir hier. Unbestreitbar ist jedoch, dass die Hemmschwelle, Menschen wegen angeblicher Straftaten anzuprangern, stark sinkt, wenn man als „Richter" sicher sein kann, dass man dafür nicht mit seinem Namen zur Rechenschaft gezogen werden kann, da das Portal Anonymität garantiert ...

Pranger für einzelne Branchen als nächster Schritt?

Meistens wird sie dem Schriftsteller Mark Twain zugeschrieben, gelegentlich auch dem Physiker Niels Bohr, in seltenen Fällen auch Ex-Bundeskanzler Helmut Kohl. Fest steht: Die Aussage „Prognosen sind immer schwierig, besonders wenn sie die Zukunft betreffen" gilt auch hier. Wir wissen nicht, wie die Zukunft aussieht. Versteigt sich die aktuelle Kultur oder Unkultur von Pranger-Webseiten?

Springt das Prangern auf die nächsthöhere Ebene, indem es zum (vermeintlichen?) Wohl der Gesellschaft eingesetzt wird, beispielsweise, um vor Straftätern zu warnen? Gibt es vielleicht schon bald eine Fülle von Pranger-Webseiten für bestimmte Branchen, auf denen beispielsweise einzelne Personen als Gefahr für einen Arbeitgeber bloßgestellt werden? Die Folgen wären fatal.

Man stelle sich vor, dass es für jede Branche eine eigene Pranger-Seite gäbe. Ob Ärzte, Anwälte oder Finanzdienstleister – die angeblichen schwarzen Schafe einer jeden Branche würden auf einem eigenen Portal öffentlich bloßgestellt, Verbraucher vor ihnen gewarnt. Dem Missbrauch wären Tür und Tor geöffnet: Wettbewerber könnten die unliebsame Konkurrenz diffamieren und ins Abseits stellen, um sich Marktvorteile zu verschaffen. Der Mehrwert für Verbraucher – vor schlechten Ärzten, Anwälten oder Finanzdienstleistern zu warnen – verkäme zu einem Deckmantel für gezielte Rufschädigung.

Und: Im Gegensatz zu iShareGossip, bei der die Opfer und Täter aus einem vergleichsweise überschaubaren Feld stammen (in der Regel handelt es sich um schulpflichtige Kinder und Jugendliche ähnlicher Altersklassen), hätten branchenspezifische Pranger-Seiten in vielen Fällen ein deutlich breiteres Zielpublikum – zum Arzt geht prinzipiell jeder.

Folglich wären auch die Effekte noch gravierender. Auch die Motivation ist eine andere: Oft scheint es bei iShareGossip schlicht und ergreifend Langeweile zu sein, die die User zu diffamierenden Einträgen treibt. Es ist in gewisser Weise die moderne Form der Schulhoflästerei, die wir noch aus unseren eigenen Kindertagen kennen. Auch bei denjenigen, die die Einträge lesen, ist oft Langeweile das Motiv. Bei Seiten aber, die einen gesellschaftlichen Mehrwert suggerieren, ist das ausschlaggebende Motiv der Besucher oft Furcht oder umgekehrt das Bedürfnis nach Schutz. Das Ziel mag noch so hehr sein – es besteht doch immer die Gefahr, dass dabei Menschen getroffen werden, die unschuldig sind. Und diese Gefahr wird größer. Denn eines ist sicher: Es werden weitere Pranger-Seiten kommen.

Woran erkennt man eine Prangerwebseite?

Man erkennt eine Prangerwebseite daran, dass:

1. bereits der Titel klare Hinweise auf die ausschließlich negative thematische Fokussierung der Webseite gibt (Bsp.: dontdatehimgirl.com).
2. der Großteil der vorhandenen Inhalte von Nutzern stammt und meist sehr emotional geschrieben ist.
3. im Falle einer journalistisch anmutenden Webseite die Inhalte durch keinerlei Quellen belegt sind.
4. keine Regularien durch Administratoren bestehen: Beiträge und Kommentare von Nutzern werden ungeprüft veröffentlicht.
5. kein Impressum, Datenschutzrichtlinien oder rechtliche Hinweise vorhanden sind.
6. ein ausländischer Dienst die Domain bereitstellt.
7. eine Web-Recherche zahlreiche Querverbindungen, Berichterstattungen und Erfahrungsberichte weiterer Geschädigter zu Tage bringt.

Treffen eines oder mehrere dieser Merkmale zu, kann das ein Hinweis sein, dass es sich um eine solche „Prangerwebseite" handelt.

Was man tun kann, wenn man als Privatperson Opfer einer Prangerwebseite geworden ist:

1. Den diffamierenden Inhalt hinsichtlich Menge und Aktualität prüfen. Es besteht die Möglichkeit, dass dieser auf weiteren Seiten im Web vorhanden ist.
2. Den entsprechenden Inhalt kopieren, per Screenshot dokumentieren und lokal sichern.

3. Die Webseite auf Kontaktmöglichkeiten prüfen und die Betreiber wenn möglich umgehend über den diffamierenden Inhalt unterrichten.
4. Den Kontakt zu anderen Geschädigten suchen.
5. Eine Anzeige bei der Polizei erstatten.
6. Sich im Zweifelsfall immer professionelle Unterstützung suchen.

2

Puppet Master

Das Web hat ein großes Handicap: Es kann nur schwer vergessen. Daher dehnen sich die eingangs des ersten Kapitels genannten „15 Minutes of Fame" zur Ewigkeit, wenn es nicht mehr gelingt, rufschädigende Ergebnisse aus den Internet-Suchmaschinen zu löschen. Besonders gravierend können die Auswirkungen sein, wenn neben die Bekanntheit Gerüchte und unbewiesene Behauptungen treten – denn auch dies ist „Fame": Auf seine lateinischen Wurzeln „fama" zurückgeführt, steht das Wort für „Gerücht, Ruf, Leumund". So auch im nachfolgenden Fall: Der Wunsch nach mehr Bekanntheit wurde Bruno Leicht zum Verhängnis. Aus heiterem Himmel wurde der Musiker zum Opfer von Rufmord im Internet. Im Folgenden schildert er seine Erlebnisse aus persönlicher Sicht:

Mein Name ist Bruno Leicht. Ich bin Jazzmusiker, Trompeter, Komponist und Jazzdozent – und ich bin das Opfer eines Stalkers, der mich seit fast fünf Jahren im Internet verfolgt.

Noch bevor Sie meinen Namen komplett in der Google-Suchmaschine eingegeben haben, macht diese Ihnen Vorschläge. Bei der Autovervollständigung von Google – den sogenannten „Google Suggests" – stand über ein Jahr lang das Stichwort „bruno leicht nazi" an oberster Stelle.

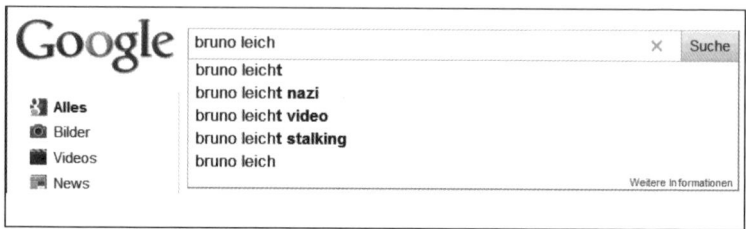

Aus Google, Screenshot

Bereits auf der ersten Seite, auf denen diese Suchmaschine ihre Ergebnisse anzeigt, finden Sie Überschriften wie:

> Who is *Bruno Leicht*, and why does he send me fotos of his Anus ...
> Help! Help! I am *Bruno Leicht* and I have an eel in my rectum ...
> I get e-mails from *Bruno Leicht* saying he wishes to sniff my Anus ...

Ich bitte Sie, diese unappetitlichen Formulierungen zu entschuldigen, aber das ist die Realität, in der ich seit mehr als vier Jahren lebe. Gleichzeitig hoffe ich, dass Sie mir glauben, dass ich weder ein Nazi bin noch irgendeine Neigung zu den in den Suchergebnissen erwähnten Handlungen habe. Sollten Sie anschließend auf eines der beiden letzten Suchergebnisse klicken, landen Sie im „YouTube Hilfeforum" – und laufen ins Leere:

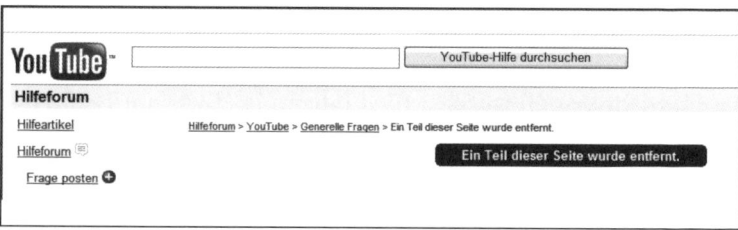

Aus YouTube, Screenshot

Für mich ist dies ein großer Erfolg, denn es ist in mühevoller Kleinarbeit und unter ganz erheblichem Zeitaufwand gelungen, viele dieser mich diffamierenden und verlogenen Einträge aus dem Internet zu entfernen. Allerdings war die positive Wirkung nur von kurzer Dauer: Angesichts der schieren Masse von immer wieder neuen Beleidigungen und schlimmsten Verleumdungen ist diese positive Wirkung oftmals am nächsten Tag bereits völlig verpufft.

Die Anfänge: normal

Wie konnte es so weit kommen? Dazu muss man wohl zunächst fragen, warum das Internet für einen unbekannten Jazzmusiker wie mich so interessant war. Ich ging erstmals im Jahr 2003 online und unternahm dort meine ersten und – wie ich heute weiß – riskanten Schritte in diesem neuen Medium.

Auf US-amerikanischen Foren richtete ich unter meinem vollen Klarnamen Benutzerprofile ein und begann frisch-fröhlich draufloszuerzählen: Wer ich bin, wo ich wohne und was ich mache. Das ist eigentlich völlig in Ordnung, denn jeder Mensch hat das Recht, sich unter seinem guten Namen frei zu bewegen, auch im Internet. Meine Kommentare zu diversen Themen waren manchmal vielleicht provokant und humorvoll-ironisch, niemals aber fies oder gar unter der Gürtellinie beleidigend. Die Person, die Jahre später mein Leben komplett verändern sollte, war bereits zu diesem Zeitpunkt in denselben Foren aktiv wie ich. Aber das konnte ich damals nicht wissen.

Im Musiker-Forum „Big Band Talk" schreiben und kommentieren – auch heute noch – fast alle Mitglieder unter ihrem richtigen Namen. Das kann jedoch leider äußerst gefährlich werden, weil man im Internet nie weiß, an wen man gerät, mit wem man es wirklich zu tun hat. Häufig wird vergessen, dass nicht jeder Internetnutzer seinen richtigen Namen benutzt. Viele geben vor, jemand zu sein, der sie in

Wirklichkeit nicht sind. Für eine Identifikation sind auch E-Mails nur selten hilfreich. Hier ist der direkte persönliche Kontakt gefragt. Etwa der Klang der Stimme, die Körpersprache, der Augenkontakt, die Berührung, selbst ein freundlicher Händedruck zur Begrüßung sagen mehr über eine Person aus als Hunderte tolle Chats und intelligente Blogeinträge, Foren-Posts oder E-Mails.

Damals dürfte es für mich das größte Problem gewesen sein, mir nicht bewusst gemacht zu haben, dass ich es im Internet oftmals nicht mit wirklichen Personen zu tun hatte, sondern nur mit einer Illusion.

Der Auslöser: harmlos

Im Jahr 2005 richtete ich auf der US-amerikanischen Seite „All About Jazz" ein Musikerprofil mit einer detaillierten Kurzbiographie in deutscher Sprache ein, und Ende 2006 war ich mit ein paar von mir gedrehten Filmchen auf YouTube präsent. Damals glaubte ich allen Ernstes, dass man mich nun endlich im Web als Musiker wahrnehmen würde und dass schon bald Dutzende von Jazzclubs meine Band engagieren würden. Kurz gesagt: Ich wollte berühmt werden, und damals glaubte ich, ich hätte nun alles Nötige dafür getan. Aber dass dies der erste Schritt in ein jahrelanges, bis heute anhaltendes Martyrium war, hätte ich niemals für möglich gehalten.

Nach „Big Band Talk" wurden die – heute nicht mehr existierenden – Jazzforen „JazzyMusic" und „Boppin' Around" zu meinem zweiten und dritten Chatroom. Auch dort plauderte ich munter mit mir völlig unbekannten Forumsmitgliedern über dieses und jenes, meistens jedoch über meine große Leidenschaft: Jazz.

Dann passierte etwas Merkwürdiges: Über Nacht verschwanden alle Links zu alten Jazz-LPs, die ich auf diesen Foren anderen Mitgliedern zum Download angeboten hatte. Das ärgerte mich und veranlasste mich dazu, einen „offenen Brief" in ein Forum zu stellen, in dem ich meinem Zorn Luft machte. In dem Brief forderte ich den unsichtbaren Urheber der Löschaktion auf, sich lieber „in eine Bar zu setzen und mit ein paar hübschen Mädels was zu trinken, anstatt uns hier den Spaß zu verderben".

Aus heutiger Sicht weiß ich, dass es ein Kardinalfehler war, einen anonymen Fremden verbal herauszufordern, während ich selbst als reale Person klar auszumachen war. Der zweite Fehler bestand zweifellos darin, dass ich mich im Vorfeld mit mir völlig unbekannten Personen über rein Persönliches und Privates unterhalten habe, dass ich sogar Bilder in öffentlich zugängliche Internetforen oder auf Blogs hochgeladen hatte, auf denen man Verwandte, Freunde – und natürlich auch mich selbst – klar erkennen konnte.

Kurz darauf, im Februar 2007, meldete sich der Stalker zeitgleich auf „JazzyMusic" und „YouTube", ein paar Monate später auch auf „All About Jazz" zu Wort. Dies bemerkte ich, als mein voller Name in Foren-Einträgen und YouTube-Kommentaren auftauchte, die mich auf das Übelste beleidigten. Zugleich erschienen manipulierte, mich diffamierende Bilder mit meinem Konterfei, das der Stalker sich offenbar von meinem Profil auf „JazzyMusic" besorgt hatte.

Meinen YouTube-Kanal konnte ich umgehend schließen, was meine Präsenz zumindest auf dieser Seite beendete. Doch wie sich hinterher herausstellen sollte, war auch das ein großer Fehler.

Ich hatte keine Kontrolle mehr über die diffamierenden Kommentare, die der Stalker jetzt unter Hunderten von verschiedenen Identitäten über mich unter Dutzenden von Jazzvideos postete. YouTube kam mit dem Löschen von Hass-Kanälen, die mich diffamierten, nicht mehr nach, obwohl man sich redlich Mühe gab, mir zu helfen. Immer wieder glaubte ich, dass es vorbei wäre, wenn es etwa gelungen war, auf einen Schlag zehn Kanäle des Stalkers zu löschen. Aber nein: Jetzt ging es erst richtig los, und das bis heute, jeden Tag.

Der Stalker ging nun auf breiter Front gegen mich vor. Ich schlug mit allen denkbaren Mitteln zurück: Ich versuchte, den Stalker in Diskussionen dazu zu zwingen, einen Fehler zu machen und sich zu erkennen zu geben. Ich dachte, er könne eventuell ein naher oder entfernter Bekannter sein, ein neidischer Musikerkollege vielleicht, oder womöglich ein Nachbar.

Ich lud schließlich kleine, ihn beleidigende Videos hoch, ich teilte ihm mit, dass er machen könne, was er wolle, und wenn er das bis zum Ende seines Lebens täte: Ich würde mich von ihm nicht aus dem Internet verdrängen lassen.

Heute weiß ich, dass es ein weiterer Fehler war, zu glauben, mit dieser Person in irgendeiner Form reden zu können; heute weiß ich, dass Stalker keinerlei Sinn für Ironie haben oder selbst nicht einmal das kleinste Fünkchen Humor oder irgendein Gefühl für Menschlichkeit, Scham oder Rücksicht besitzen. Heute weiß ich, dass nur absolutes Schweigen gegenüber einer solchen Person vielleicht sinnvoll gewesen wäre.

Sterben lassen – und leben?

Am 2. September 2009 beschloss ich meinen „virtuellen Selbstmord". Ich wollte dem Stalker keine Angriffsfläche mehr bieten: Es gab keinerlei Äußerungen mehr von mir im Internet, mein Blog wurde weder bearbeitet noch sonst wie verändert, kurzum: Es sah aus, als wäre ich mit einem Schlag aus der Welt geschieden – zumindest aus der virtuellen Welt. Ich war gespannt, verhielt mich ruhig und wartete ab: Würde der Stalker mich jetzt endlich in Frieden lassen?

Doch selbst mein digitaler Tod war kein Ausweg. Im Gegenteil: Ich hatte den Eindruck, dass mein Verschwinden meinen Peiniger noch zusätzlich anfeuerte. Während ein „normaler" Stalker spätestens jetzt aufgehört hätte, mich zu verfolgen, machte „mein" Stalker gnadenlos weiter. Er behauptete, ich sei nach wie vor im Internet unterwegs, bloß unter einem anderen Namen. Er schrieb unter die Blogeinträge von wildfremden Leuten: „Das ist doch hundertprozentig Bruno Leicht". Seine Leidenschaft, mich zu zerstören, blieb ungebrochen. Nach meiner schmerzlichen Erkenntnis, dass mein Martyrium wohl niemals aufhören würde, meldete ich mich passenderweise am Ostersonntag des Jahres 2010 wieder unter die Lebenden zurück.

Und es ging immer weiter: Der Stalker machte auch nicht halt davor, meine Freunde oder gar Verwandten in sein bösartiges Treiben mit hineinzuziehen. Dutzende von schmutzigen, sexuell abartigen, vor Analphantasien nur so strotzenden Diffamierungen in Wort und Bild fanden sich auf zahllosen, vom Stalker eingerichteten Hass-Blogs. Panisch versuchte ich in meiner Not immer und immer wieder, diese Prangerseiten zu löschen, um irgendwie des nicht enden wollenden Stroms schlimmster Beleidigungen Herr zu werden.

Der Stalker verhöhnte mich, veröffentlichte manipulierte Fotos, die mich in Windeln, als Gefährte von Hitler oder als Mensch mit Hundekörper zeigten. Er beschimpfte mich als Pädophilen, als Stalker, Nazi, Alkoholiker, Schizophrenen oder Terroristen und wünschte mir Krebs an den Hals.

Diffamierende Kommentare wurden zur gleichen Zeit auch auf Hunderten von Blogs veröffentlicht, die nicht selbst von meinem Stalker eingerichtet worden waren. Dasselbe geschah in Dutzenden von Foren, virtuellen Gästebüchern und Online-Zeitungen; alle diese hässlichen Einträge waren unterschrieben mit meinem Namen: „Bruno Leicht".

Erst nach über drei Jahren löschte die Firma Google endlich die Hass-Blogs. Die Reaktion: Kurz darauf gingen direkt wieder ein halbes Dutzend neue Blogs online. In dieser Zeit habe ich persönlich dafür gesorgt, dass Dutzende von Blogbetreibern diffamierende Kommentare zu meiner Person auf ihren Blogs und Foren gelöscht haben – bis auf eine Handvoll Blog-Kommentare. Wiederholt musste ich in die USA telefonieren, um mich zu identifizieren und den jeweiligen, oft völlig ahnungslosen Blogbetreibern zu erklären, dass es sich um eine ernste Angelegenheit und nicht etwa um ein lustiges Spielchen handelte.

Verwirrung stiften – das können Stalker am besten. Ich kann nur ahnen, wie viele anonyme oder gefälschte E-Mails diese Person unter meinem Namen an Blog- und Forenbetreiber und an andere Persönlichkeiten geschrieben hat. Bestimmt aber waren es Tausende. Ich frage mich jeden Tag: Warum treibt diese Person ein solch grausames Spiel mit jemandem, den sie im richtigen Leben noch nie getroffen hat? Dafür habe ich keine Erklärung.

Alles nur virtuell?

Habe ich überreagiert, mich in etwas hineingesteigert? Natürlich liegt es nahe, sich immer wieder zu sagen, dies alles findet ja nur im Internet statt, in einer virtuellen Welt, die letztlich nicht existiert, solange wir unseren Rechner einfach nicht einschalten oder uns aus dem „Global Village" fernhalten.

Doch dies ist ein Trugschluss, und es stellte sich schnell heraus, dass die Grenze zwischen der virtuellen und der richtigen Welt nicht so ohne weiteres zu ziehen ist. Auch dafür sorgte der Stalker: Hatte er seine beleidigenden Bemerkungen am Anfang nur auf den Jazz-Foren und in den Kommentaren zu den von mir hochgeladenen YouTube-Videos veröffentlicht, wurde er später auch auf unzähligen anderen Seiten aktiv.

Hier hinterließ er nicht nur diffamierende oder peinliche Einträge über mich, sondern gab sich zudem auch als Bruno Leicht selbst aus. In meinem Namen veröffentlichte er perverse sexuelle oder pädophile Phantasien oder beleidigte andere Leser und Mitglieder der Foren. Über meine angelegten Web-Profile war es für ihn ein Leichtes, meine Wohnadresse, meine E-Mail-Adresse und Telefonnummer im Netz zu veröffentlichen. So war es nur eine Frage der Zeit, bis jene Menschen, die der Stalker unter meinem Namen aufs Heftigste beleidigt hatte, sogar bei mir anriefen, um mich zur Rede zu stellen.

Auch der Stalker suchte den persönlichen Kontakt zu mir. Mit anonymen E-Mails und in Hunderten von Kommentaren auf meinem Blog forderte er mich auf, öffentlich „meinen Fehler zuzugeben", dann werde er mir sagen, wer er sei. Er behauptete auch, wir seien uns bereits begegnet: Als ich in meinem Blog einmal geschrieben hatte, dass ich mir im Stadion ein Fußballspiel angesehen hatte, fragte er: „Na? Hast du meinen Atem in deinem Nacken gespürt? Ich saß direkt hinter dir."

In solch einer Situation fällt es einem schwer, sich klarzumachen, dass der Terror nur virtuell ist: Ich fing an zu zittern und hatte Panik-Attacken. Aufgrund der Schlafstörungen konnte ich keinen klaren Gedanken mehr fassen, hatte das Gefühl, dass mir alles entgleitet. Auch meine Trompete habe ich nicht mehr angefasst – nur weil der Stalker immer wieder behauptet hatte, ich sei ein schlechter Musiker. Ich war unglaublich unsicher, zerfahren und misstrauisch, ja fast paranoid. Ich wusste nicht, wer dieser Mann ist, und verdächtigte fast meinen gesamten Bekanntenkreis. Ich ließ mich nirgendwo mehr blicken, weil ich fürchtete, jeder wisse davon und jeder könnte es sein.

Stattdessen saß ich tagein, tagaus stundenlang vor dem Computer und suchte wie besessen immer wieder nach neuen Angriffen gegen mich. Teilweise kontrollierte der Stalker meinen gesamten Tageslauf. Das führte dazu, dass ich mein gesamtes restliches Leben komplett vernachlässigte. Ich konnte mich nicht vom Computer lösen und kam immer häufiger zu spät zum Musikunterricht, mit dem ich zu diesem Zeitpunkt meinen Lebensunterhalt verdiente. So verlor ich schließlich zahlreiche Schüler und riskierte sogar meine Existenz.

Erfolglose Fahndung

Wie bin ich gegen den Stalker vorgegangen? Zuerst versuchte ich natürlich, meinen Peiniger mit Worten zur Vernunft zu bringen. Das ist mir nicht gelungen, und ich kann auch heute nur jedem davon abraten, mit einer solchen Person in irgendeiner Weise zu kommunizieren, sei es direkt oder über Dritte.

Im Juli 2007 – und dann abermals im Jahr 2008 – zeigte ich den Stalker online bei der Polizei in Nordrhein-Westfalen an. Nach mehreren Monaten erhielt ich jeweils eine Mitteilung der zuständigen Staatsanwaltschaft, dass der Täter nicht ermittelt werden könne. Daraufhin suchte ich mir anwaltliche Hilfe, die mir immerhin den Kontakt zu einem Rechtsvertreter der Firma Google Deutschland verschaffte.

Die erneuten staatsanwaltlichen Ermittlungen führten aber auch zu keinem Ergebnis: Außer ein paar IP-Nummern – darunter auch meine eigene – wurde nichts zutage gefördert, was den Stalker persönlich hätte identifizieren können.

Auch meine persönlichen Nachforschungen brachten nicht den gewünschten Erfolg – ganz im Gegenteil: Anfang 2008 glaubte ich noch, dass der Stalker von Deutschland aus operieren würde. Einer der Besucher meines Blogs tauchte fast täglich zur frühen Morgenstunde auf meiner Internet-Präsenz auf. Es war auch klar zu erkennen, dass diese Person über den Rechner einer namhaften deutschen Versicherung auf mein Blog gegangen war. Über meine Recherche fand ich heraus, dass derselbe Blogbesucher auch bei „Big Band Talk" präsent war und sich dort auch unter seinem vollen Namen eingetragen hatte. Ich schöpfte Hoffnung und glaubte, ich hätte meinen Peiniger endlich identifiziert.

Schnell kontaktierte ich diese Person, schrieb zwei E-Mails, zuerst eine sehr freundliche und nach etwa einer Woche eine etwas schärfer formulierte. Keine Reaktion. Also schrieb ich den Arbeitgeber dieser Person an und nannte auf Anraten meines Anwalts dessen vollen Namen. Das

Ergebnis war niederschmetternd, meine ganze Recherche umsonst: Es stellte sich heraus, dass die von mir verdächtigte Person nichts mit dem Stalking zu tun hatte.

Doch ich machte weiter: Schließlich gelang es mir, die IP-Adresse und den Server des Stalkers in New Jersey an der amerikanischen Ostküste zu orten. So schien es immerhin ausgeschlossen, dass sich mein Peiniger in meinem direkten oder weiteren Umfeld befinden könnte. Dann klingelte eines Nachts mein Telefon und eine Männerstimme fragte: „Is this Bruno Leicht? I am your puppet master." („Ist da Bruno Leicht? Ich bin Ihr Puppenspieler.") Aufs Äußerste erregt schrie ich: „I don't know any puppet master!" („Ich kenne keinen Puppenspieler!") und legte auf.

Die Nummer des Stalkers konnte ich zum Glück speichern. Später stellte sich heraus, dass sie zu einer Telefonzelle an der Spring Street gleich neben der Universitäts-Bibliothek von Princeton gehört, in der sich zahlreiche frei zugängliche Rechner mit Internetanschluss befinden. Das erste wirklich handfeste Indiz für den Aufenthaltsort des Stalkers, denn sieben Minuten später war der Stalker wieder online und brüstete sich auf YouTube, dass er mich gerade angerufen habe und mir „vor Angst die Pisse die Beine runtergelaufen" sei.

Später erhielt ich noch zwei Anrufe: einmal aus derselben Telefonzelle und einmal aus New York. Diesmal allerdings ließ ich den Stalker auf meinen Anrufbeantworter sprechen und stellte einen Mitschnitt in die beiden englischsprachigen Blogs, die ich inzwischen eingerichtet hatte, um andere vor ihm zu warnen.

Ende 2008 war ich bereit zu kapitulieren: Mein Anwalt riet mir, die Sache von nun an ruhen zu lassen, alles zu ignorieren und mich völlig aus dem Internet zu verabschieden. Er könne mir in dieser Angelegenheit nicht weiterhelfen, da der Täter offensichtlich in den USA wohne und sich der Gerichtsstand der fraglichen Google-Plattformen Blogger und YouTube in Kalifornien befände (ironischerweise in San Bruno).

Die Identität des Stalkers liegt nach einer nun fast fünf Jahre währenden Suche noch immer im Nebel. Fest steht lediglich: Ich bin dieser Person noch nie begegnet. Der Stalker ist offenbar ein US-Amerikaner und wohnt vermutlich in New Jersey. Er kann weder meinem näheren noch meinem weiteren Umfeld zugerechnet werden, denn die Informationen, die er über mich hat, wurden entweder von mir selbst ins Internet gestellt oder von ihm frei erfunden.

Ich stelle mir „meinen Stalker" als eine reine Internetexistenz vor: ohne Arbeit, ohne Freunde, ohne irgendeine andere Tätigkeit als eben die, mich und andere im Internet zu belästigen, zu erniedrigen, zu beschimpfen oder sonst irgendwie zu behelligen.

Sehr viel sagt meine Geschichte allerdings auch über die Betreiber von Blogs, Foren und Chatrooms aus, die einer anonymen Person so viel Macht gegeben haben, ohne zu erkennen, dass hier nichts Konstruktives oder Kreatives generiert wurde, sondern sie und ihre Plattformen lediglich instrumentalisiert wurden – instrumentalisiert für eine blanke, ungezügelte Hasskampagne gegen andere, im konkreten Fall gegen mich.

Ich habe mich inzwischen weitgehend als aktiver Nutzer aus dem Internet verabschiedet: Ich betreibe kein Blog, tauche nicht mehr in Forums-Diskussionen auf und unterhalte keine Seiten oder Kanäle auf sozialen Plattformen. Zwar bin ich immer noch damit beschäftigt, die Attacken des Stalkers aus dem Netz zu bekämpfen, doch versuche ich, den Stalker heute weitgehend zu ignorieren.

Nicht ignorieren kann ich jedoch, wie leicht es Tätern und wie schwer es den Opfern gemacht wird: Während der Täter aus dem Schutz der Anonymität, die ihm das Internet bietet, andere Menschen nahezu beliebig angreifen und diffamieren kann, muss das Opfer solcher Attacken einen erheblichen Aufwand betreiben, um sich zu wehren: Ein Scan des Personalausweises sowie eine elektronische Unterschrift sind bei vielen Plattformen mindestens erforderlich, um beleidigende Einträge wieder löschen zu lassen – für den Täter reicht ein einfacher Internetanschluss. Erschwerend kommt hinzu, dass die Betreiber jegliche Verantwortung für die veröffentlichten Inhalte rundweg ablehnen: Handelt es sich hier um ein Hass-Blog von der Sorte, die mein Stalker mehrfach gegen mich eingerichtet hat, ist dies genau die Art von Anfeuerung, die einen Stalker dazu motiviert, ja geradezu einlädt, mit seinem kriminellen Treiben immer weiter und weiter fortzufahren.

So weit die bis heute andauernde Leidensgeschichte des Jazzmusikers Bruno Leicht. Eine Geschichte, die so bizarr klingt, dass es zunächst schwerfällt, sie zu glauben – und doch hat sie sich genau so ereignet.

Gerade im Fall einer derart obsessiven Verfolgung im Internet durch eine Einzelperson ist es neben polizeilicher Anzeige und Klärung juristischer Interventionen ratsam, in einem möglichst frühen Stadium ein professionelles „Profiling" des Täters durchzuführen. Am besten arbeitet man hier mit geschulten Psychologen und Soziologen, die ein Gutachten erstellen, das mögliche pathologische Ursachen für die andauernden Belästigungen offenlegt und eine gezielte psychologische Einschätzung ermöglicht. Auf dieser Basis lassen sich wiederum gezielt kommunikative Maßnahmen ableiten.

Im oben beschriebenen Fall hat Bruno Leicht eine wichtige Erkenntnis bereits selbst formuliert: Er hätte niemals Kontakt zu dem Stalker aufnehmen oder auf seine Aktivitäten reagieren dürfen – darunter fallen auch die zahllosen Löschungsversuche auf den verschiedenen Online-Plattformen. In einem derart schweren Fall des Cyberstalkings liegt, verkürzt gesagt, die einzige Chance darin, „inkognito" über Dritte zu agieren und den Täter, der es darauf anlegt, psychisches Leid bei seinem Opfer hervorzurufen, konsequent zu ignorieren.

Will man darüber hinaus ein Fazit ziehen, so muss man dem Musiker eigentlich eine bemerkenswerte Naivität attestieren. Allerdings trifft dieser Vorwurf nicht allein Bruno

Leicht, sondern viele Millionen Internetnutzer: Wie viele persönliche Informationen über sich selbst – bisweilen gar über Ihre Familie und Ihre Freunde – vertrauen Sie leichtherzig dem Internet an? Welches Maß Ihrer Persönlichkeit geben Sie in einem Medium preis, in dem Sie potenziell mehr als zwei Milliarden Zuschauer haben? Sind wir ehrlich, so müssten sich viele von uns diesen Vorwurf grenzenloser Naivität wohl auch selbst gefallen lassen.

Allerdings ist es auch vorstellbar, dass gerade Naivität ein ureigener Wesenszug des Internet ist. Schließlich ist das Internet, wie wir es heute erleben und nutzen, noch keine 20 Jahre alt: Waren im Jahr 1997 weltweit gerade mal sechs Millionen Computer mit dem Internet verbunden, haben heute zwei von sieben Bewohnern dieses Planeten einen Internet-Anschluss. Diese rasante Entwicklung konnte womöglich nur stattfinden, weil sie unter einem naiven und in erster Linie technik-fixierten Fokus ablief: IT-Spezialisten, die sich um die Verbreitung und Bandbreite der Netze kümmern oder sich sorgen, weil die IP-Adressen knapp werden, fühlen sich nur selten verantwortlich für die Reglementierung einer inhaltlich und sozial hoch komplexen und dynamisch wachsenden virtuellen „Parallel-Welt".

Warnmechanismen, die verhindern könnten, dass Rufmord, Stalking und Diffamierung im Web ein Forum finden, gibt es in dieser virtuellen Welt bislang nicht. Ebenso wenig existiert ein belastbarer juristischer Rahmen, der die Nutzer wirkungsvoll schützt. Das Internet ist in vielen Fällen ein rechtsfreier Raum, die Gesetzgebung ist löchrig, die Persönlichkeitsrechte des Einzelnen sind nur unzureichend geschützt. Es gibt kein unabhängiges, neutrales Beobachtungsorgan, an das sich Webnutzer im Falle einer Rufschädigung wenden können. Nicht einmal ein allgemein gültiger „Code of Conduct" – also eine Vorstellung von Verhaltensregeln abseits der unverbindlichen Netiquette-Regeln einzelner Webforen – existiert im Internet.

Es gibt noch viel zu tun!

3

Die dunkle Seite des Internet

Es gab ein Leben vor dem Internet: Damals informierte man sich in Zeitung, Funk und Fernsehen über das aktuelle Tagesgeschehen. Wer in der Schule oder im Studium ein Referat anzufertigen hatte, schlug im „Brockhaus" oder in der „Encyclopædia Britannica" nach. Wer den günstigsten Preis etwa für einen Plattenspieler suchte, setzte sich ins Auto und verglich vor Ort die Angebote der einschlägigen Fachmärkte. Wer wissen wollte, von welchem Hersteller er sich seine Geschirrspülmaschine kaufen sollte, der hörte sich im Freundes- und Bekanntenkreis um.

In dieser Welt, die den Schülern und Studenten unserer Tage ähnlich fern liegt wie das Zeitalter der Industrialisierung, begann das Internet – harmlos, sogar skurril: Man brauchte ein DECT-Telefon – damals hieß das noch „Amts-Apparat" – und einen Akustik-Koppler. Der Akustik-Koppler wurde mithilfe einer Konstruktion aus Klett-Bändern mit der Hör- und Sprechmuschel des Telefon-Hörers verbunden. Auf der anderen Seite wurde der Akustikkoppler über zwei Steckmuffen mit der seriellen Schnittstelle des Rechners verbunden.

Dann konnte man es sich in aller Ruhe gemütlich machen, während die Informationen Ton für Ton durch die Leitung tröpfelten, langsam genug, um die eingehenden Texte am Bildschirm ohne Hast mitzulesen.

Bald schon überschlugen sich die technischen Neuerungen förmlich: Der Akustik-Koppler machte Platz für ein Modem (akustisch mit einer Datenübertragungsrate von 9.600 bit pro Sekunde – damals sagte man übrigens noch „baud"), und irgendwann wurden die BBS-Systeme und das UseNet-Protokoll dann durch etwas Neues ersetzt: durch das „World Wide Web" – manche nannten es auch „Internet".

Schöne Neue Welt

Die Entwicklung des Internets war letztlich nur möglich, weil sie von einem bemerkenswerten Maß an Euphorie seiner Anwender befeuert wurde. Diese Euphorie basierte nicht allein auf dem, was technisch urplötzlich machbar wurde, sie basierte auch auf Träumen, wie denn eine umfassend vernetzte Welt aussehen würde. So verhieß das Internet universelle Transparenz: Alle relevanten Informationen über Regierungen, Staat und Verwaltung würden allen Bürgern jederzeit zugänglich sein – damit würden endlich universelle Bürgerbeteiligung und wahre Demokratie möglich werden.

Genauso würde, so der optimistische Grundgedanke, das Internet auch das gleichberechtigte Miteinander von Menschen ermöglichen und auf diese Weise nicht zuletzt das Gute in ihnen offenbaren. So kann man es noch heute beispielsweise in den Grundwerten von eBay nachlesen, die noch auf Pierre Omidyar, den Gründer der Auktionsplattform, zurückgehen:

- „Wir glauben, dass Menschen grundsätzlich gut sind.
- Wir erkennen und respektieren jedermann als einzigartiges Individuum.
- Wir glauben, dass jeder einen Beitrag leisten kann.
- Wir ermutigen Menschen dazu, andere Menschen so zu behandeln, wie sie selbst behandelt werden wollen.

◆　Wir glauben, dass eine ehrliche, offene Umgebung das Beste im Menschen hervorbringen kann."[30]

Was hier teilweise recht naiv klingt, sind die Grundwerte, auf denen ein Unternehmen aufgebaut wurde, das heute weltweit ein Handelsvolumen von knapp 60 Milliarden US-Dollar pro Jahr umsetzt: 1.855 US-Dollar pro Sekunde[31].

Die Liste der Träume und Ideale, die das Wachstum des Internet förderten, ließe sich nahezu beliebig fortsetzen, und es wäre falsch, zu behaupten, diese Hoffnungen seien sämtlich geplatzt. Im Gegenteil. Politik und staatliches Handeln sind tatsächlich transparenter geworden, auch diesseits der WikiLeaks-„Sensationen": Wer wissen will, welchen Nebentätigkeiten sein Bundestagsabgeordneter nachgeht und was er oder sie dabei verdient, findet dies schon auf den Internet-Seiten des Deutschen Bundestages. Oder man wird – falls das noch nicht reichen sollte – auf der Seite abgeordnetenwatch.de fündig, wo sich Mitglieder des Bundestags immer öfter zu kritischen Fragen aus der Wählerschaft äußern.

Schließlich haben sich auch die Grundwerte von eBay als weitaus weniger naiv erwiesen, als man glauben möchte, denn die überwältigende Mehrheit der 1,1 Milliarden Transaktionen[32] auf der Auktionsplattform, die allein in den ersten zehn Jahren in Deutschland abgewickelt wurden, verlief problemlos und zu allseitigem Wohlgefallen.

Doch obwohl die Einsicht nur wenig originell ist, dass da, wo es viel Licht gibt, auch viel Schatten ist, ist diese Erkenntnis deswegen noch lange nicht falsch: Das Internet hat auch seine dunklen Seiten.

Nackt im Netz:
Funktioniert die „Facebook-Falle"?

Im Jahr 2010 startete die Bundeszentrale für Gesundheitliche Aufklärung (BzGA) eine Kampagne unter dem Motto „Kenn dein Limit". Ziel dieser Kampagne war es, Jugendliche auf die Risiken des Alkoholkonsums aufmerksam zu machen und sie dafür zu sensibilisieren, dass der menschliche Körper Alkohol nicht in beliebiger Menge verarbeiten kann.

So wurde bundesweit ein Motiv plakatiert, das vier attraktive junge Menschen zeigte, die sich offensichtlich einen netten Abend vorgenommen hatten. Zu drei dieser Jugendlichen lieferte das Plakat – quasi vorab – eine Erklärung mit: Der Hinweis, welcher der Hauptfigur galt, lautete: „Er feiert, bis der Arzt kommt, und landet auf der Intensivstation". Klar und eindeutig. Der jungen Frau am linken Bildrand war der folgende Kommentar gewidmet: „Sie lässt heute noch alle Hemmungen fallen ...", der durch einen weiteren Kommentar zu einem jungen Mann, der im Hintergrund mit einer Handy-Kamera hantiert, ergänzt wurde: „... Er stellt sie später nackt ins Netz."

Es war gerade dieser letzte Kommentar, der unabhängig vom eigentlichen Ziel der Kampagne den Nebeneffekt hatte, dass dieses Plakatmotiv die Angst vieler Mitmenschen, im Internet bloßgestellt zu werden, erfolgreich aufgriff und ganz erheblich schürte.

Natürlich will niemand im Internet Bilder von sich sehen, die sie oder ihn betrunken, nackt und hemmungslos zeigen. Dennoch ist die Zahl der einer bestimmten Person zuzuordnenden Fotos auf den verschiedenen Social-Media-Plattformen vergleichsweise überschaubar. Deutlich häufiger finden sich dagegen Bilder, die bei ausgelassenen Feiern entstanden sind: Ein Schlafsack und eine Gitarre, womöglich eine Bierflasche sind zweifellos häufiger abgelichtet als Exzesse oder nackte Haut – nichts, was einem jungen Menschen weiter peinlich sein sollte. Dennoch gab es im Umfeld der BzGA-Kampagne Gerüchte, Erzählungen und auch

Presse-Artikel, die in den schrillsten Farben ausmalten, was denn wohl passieren könnte, wenn solche Bilder von der Personalabteilung des Unternehmens, bei dem man sich nach dem Studium um den ersten Job bewirbt, in Facebook gefunden würden.

Hier kann man erst einmal eine gewisse Entwarnung geben. Rückfragen bei den Personalentscheidern großer Unternehmen zeigen: Zum Ersten ist die Recherche nach einzelnen Bewerbern auf den diversen Social-Media-Plattformen derart aufwendig, dass sie sich mit den Mitteln einer normalen Personalabteilung kaum realisieren lässt. Zum Zweiten sind auch Personalentscheider nur Menschen: Menschen, die es durchaus nachvollziehen können, dass ein Schüler oder Student während seiner Ausbildung gelegentlich ausgiebig feiert – und dabei auch schon mal über die Stränge schlägt. Im Gegenteil: Die meisten Unternehmen suchen nur in Ausnahmefällen nach Mitarbeitern, die das Sozialverhalten eines Taschenrechners an den Tag legen.

Dies belegt auch eine Studie, die die Universität Erfurt im Januar 2011 veröffentlichte[33]: Hier wurden Personalverantwortliche befragt, ob und in welchem Maße sie soziale Netzwerke im Internet nutzen, um Näheres über ihre Bewerber herauszufinden. Das Ergebnis wurde recht plakativ formuliert: „Der googlende Personaler ist ein Mythos", hieß es. Tatsächlich sei man vom gläsernen Bewerber noch weit entfernt, denn zwischen Unternehmensrealität und medialer Präsenz des Themas klaffe eine große Lücke. Nach wie vor verlaufe das klassische Bewerbungsverfahren analog. Geeignete Kandidaten würden, wenn überhaupt, erst zum Ende einer Bewerbungsphase digital „durchleuchtet". So sei es beispielsweise denkbar, dass es im Fall von mehreren gleich qualifizierten Bewerbern eine Recherche im Internet gebe.

Ein gewisses Restrisiko – selbst beim Berufseinstieg – ist also nicht auszuschließen. Zudem sollte man auch in Betracht ziehen, dass man im Verlauf einer Karriere durchaus in Positionen gelangen kann, die deutlich exponierter sind als der erste Job nach der Ausbildung oder dem Studium. Hier können sich achtlos ins Netz gestellte Informationen durchaus als Fußangel erweisen. Die gute Nachricht: Am Ende ist für die Anstellung noch immer der persönliche Eindruck ausschlaggebend, so die Forscher der Universität Erfurt.

Alles nur Hysterie?

Auch wenn die sogenannte „Facebook-Falle" deutlich überbewertet wird, kann die scheinbare Entwarnung nicht ganz ohne Einschränkungen gelten: Wer – freiwillig oder unfreiwillig – für inkriminierende Fotos posiert, die womöglich – beispielsweise nach dem Ende einer Beziehung – im Internet gegen ihn selbst verwendet werden können, hat ein Problem: Das DrohPotenzial, das in solchen Bildern liegt, ist nicht zu unterschätzen – gerade in Zeiten der beliebigen digitalen Reproduzierbarkeit. Hier treffen wir uns dann wieder mit der Kampagne der BzGA: „Kenn dein Limit".

Dass von den Social-Media-Plattformen eine nicht zu unterschätzende Gefahr ausgeht, belegt ein Fall, der zu Beginn des Jahres 2011 publik wurde: Der 23-jährige Amerikaner George Samual Bronk bewies, dass man technisch nicht besonders versiert sein muss, um die Accounts von Facebook-Nutzern zu knacken und ungehindert in deren private Social-Network-Profile einzudringen. Wie das Nachrichtenmagazin *Der Spiegel* berichtete, durchsuchte Bronk zunächst die Facebook-Profile von weiblichen Nutzern nach den dort angegeben E-Mail-Adressen. Waren diese hinterlegt und einsehbar, benutzte er die E-mail-Adresse, um sich – als angebliche Profilinhaberin – von Facebook ein neues Passwort zuschicken zu lassen. Die nun folgende Sicherheitsabfrage, die vergesslichen Usern helfen soll, ihr Passwort erst zurückzusetzen und dann zu ändern, konnte Bronk dem Nachrichtenportal zufolge mit Leichtigkeit überwinden. Die nötigen Angaben über das Lieblingsessen, die Lieblingsfarbe oder den Namen des Haustiers lieferten ihm seine Opfer über ihre Angaben in ihren öffentlich einsehbaren Social-Media-Profilen frei Haus mit.

Nachdem sich der 23-Jährige mit dem neuen Passwort dann Zugang zu den nicht für die breite Öffentlichkeit bestimmten Bereichen der Profile seiner Opfer verschafft hatte, konnte er sich dort in aller Ruhe umschauen. Unter anderem fand er unter den hochgeladenen Dateien das ein oder andere Nacktbild oder inkriminierendes Videomaterial. Dieses schickte er seinen Opfern und deren sämtlichen Kontakten anschließend per E-Mail – einige erpresste er sogar mit dem intimen Bildmaterial. Per Online-Chat drohte er einem Opfer, das Bildmaterial ins Internet zu stellen, wenn es ihm nicht noch weitere freizügige Bilder von sich schicken würde. Das Opfer wusste sich nicht anders zu helfen und ließ sich auf diesen Handel ein.

Als im vergangenen Jahr Bronks Rechner von der Polizei sichergestellt wurde, fanden sich dort 170 Dateien mit mehr oder minder eindeutigem Inhalt. Nachdem die amerikanische Polizei den Fall öffentlich gemacht hatte, berichtet *Der Spiegel* von 46 Frauen, die sich daraufhin als Betroffene bei den Beamten offenbarten. Eine dieser Frauen bezeichnete Bronks Tat, für die er voraussichtlich mit sechs Jahren Haft zu rechnen hat, als „virtuelle Vergewaltigung".[34]

Damit nicht genug: Gleichzeitig lieferte Facebook neuen Zündstoff für eine weitere Datenschutz-Debatte: Das Online-Netzwerk plante, Software-Entwicklern und Website-Betreibern künftig auch den Zugang zu Telefonnummern und Adressen von Mitgliedern zu öffnen. Zwar müssten die Nutzer der Weitergabe ihrer Daten ausdrücklich zustimmen, doch ist zu befürchten, dass viele Menschen unüberlegt ihre Erlaubnis erteilen und sich damit auch für Online-Kriminelle angreifbar machen.

Ganz anders dagegen ist der folgende Fall gelagert:

Gute Menschen mit bösen Angewohnheiten

Stefan Loipfinger arbeitete jahrelang als freier Wirtschafts-journalist und konnte sich als Gründer des Branchendienstes „Fondstelegramm" einen Namen als Fondsanalyst machen. Im Jahr 2008 beschloss er, sich anderen Themenfeldern zu-zuwenden, und gründete den Online-Dienst „CharityWatch. de".

Ziel der Internet-Seite ist es, gemeinnützige Spenden-organisationen zu beobachten: Eine Aufgabe, die von an-deren Seiten bislang kaum wahrgenommen wird. Denn um einen eingetragenen Verein zu gründen, muss man diesen beim zuständigen Amtsgericht ins Vereinsregister eintra-gen lassen und den Nachweis erbringen, dass der Verein mindestens sieben Mitglieder sowie eine rechtskonforme Satzung hat, dass er das Gemeinwohl nicht gefährdet, kei-ne satzungswidrigen wirtschaftlichen Zwecke verfolgt usw. Um dagegen einen Verein als gemeinnützig anerkennen zu lassen, genügt ein Antrag beim zuständigen Finanzamt, das dann prüft, ob es sich um eine Körperschaft handelt, deren „Tätigkeit darauf gerichtet ist, die Allgemeinheit auf materiellem, geistigem oder sittlichem Gebiet selbstlos zu fördern".[35] Ist diese Prüfung zur Zufriedenheit des Amtes verlaufen, kann der Verein nicht nur Spenden sammeln, sondern den Spendern auch steuermindernde Quittungen ausstellen. Ob diese Spenden tatsächlich so selbstlos ver-wendet werden, wie die Abgabenordnung dies fordert, wird jedoch im gesamten amtlichen Prozess nicht geprüft. Dies hat sich Charity Watch zur Aufgabe gemacht.

Einen Hinweis auf die seriöse Verwendung der Spenden-gelder liefert die Mitgliedschaft im „Deutschen Spendenrat", einer Dachorganisation spendensammelnder gemeinnüt-ziger Organisationen, deren Mitglieder sich verpflichtet haben, gewisse Regeln wie etwa eine standardisierte Rech-nungsprüfung, sachliche Werbung und zweckgerichtete Mittelverwendung einzuhalten. Die Mitgliedschaft im Spen-denrat ist freiwillig.

Ebenso freiwillig ist das Spendensiegel des „Deutschen Zentralinstituts für soziale Fragen" (DZI), das seit 20 Jahren vergeben wird. Auch hier geht es um die Frage nach der zweckgerichteten, sparsamen und wirtschaftlichen Verwendung von Spendenmitteln, transparenter Rechnungslegung und deren sachgerechter Prüfung. Eine Art von „Negativ-Selektion" findet allenfalls statt, wenn das DZI ein Spendensiegel widerruft.

In Deutschland gibt es rund 566.000 Vereine. Die meisten davon sind Sport-, Karnevals- oder Schrebergarten-Vereine. Diese sammeln die Mitgliederbeiträge und Spenden lediglich, um ihren jeweiligen Vereinszweck zu verfolgen.

Rund 50.000 Vereine dagegen sammeln Geld für wohltätige Zwecke ein – die meisten tun dies seriös. Doch gibt es darunter leider immer wieder schwarze Schafe.

Mit CharityWatch.de hat sich Stefan Loipfinger vorgenommen, das Finanzverhalten dieser Spendensammler zu beobachten – und eben auch Negativ-Selektionen zu treffen. Loipfinger betreibt das Internet-Portal auf eigene Rechnung, bietet allerdings auch ein „freiwilliges Abonnement" an, um dessen laufende Kosten zumindest teilweise zu reduzieren.

In den ersten beiden Jahren von Charitywatch.de konnte sich Loipfinger auch auf diesem Gebiet eine erhebliche Expertise und gute Reputation erwerben.

Ein Bestandteil von CharityWatch.de ist u.a. eine „Warnliste", auf der sich im Frühjahr 2011 rund 120 aus Sicht von Charity Watch fragwürdige Spendensammler fanden, von denen Loipfinger vermutet, dass sie insgesamt ein jährliches Spendenaufkommen in dreistelliger Millionenhöhe einnehmen. Diese Organisationen wurden auf Loipfingers Portal aufmerksam und reagierten entsprechend.

Im Februar 2010 tauchte plötzlich eine E-Mail auf, die Loipfinger und seine Mitarbeiter auf unterstem Niveau verleumdete und diffamierte. Sie begann – nach dem Betreff „Stefan Loipfinger ist pervers!" – wie folgt:

„Als seine langjährige Geliebte, Vertraute und Domina kenne ich fast alle seine sexuellen Phantasien. Stefan Loipfinger war etliche Jahre mein wichtigster Kunde trotzdem habe ich mich jetzt von ihm abgewendet bediene ihn nicht mehr und informiere jetzt die öffentlichkeit über seinen Plan ein Kind zu vergewaltigen. Seit ich weis das er jetzt ein echtes Kind will fordere ich ihn auf eine Therapie zu machen. So was ist doch heilbar. Ich halte es als wichtig, seinen Plan bekannt zu machen um ihn so zu verhindern. Ich will aber vermeiden dass er wie ein Monster da steht ..."

Der weitere Text dieser mit Rechtschreibfehlern durchsetzten Mail zog sich über mehrere Seiten, strotzte von unappetitlichen sexuellen Perversionen und gab deutliche Hinweise auf Loipfingers berufliche Tätigkeit, seine Adresse und seine Familie – Details, die der Urheber dieser E-Mail nur durch gründliche Vor-Ort-Recherche hatte ermitteln können.

Gerichtet war dieses Schreiben an einen beachtlichen Verteiler: Zum Angebot von CharityWatch.de gehört auch eine öffentlich zugängliche Datenbank, in der rund 3.000 spendensammelnde Organisationen – mit ihren offiziellen Kontaktadressen – aufgelistet sind. Vermutlich fast jede der in der Datenbank aufgeführten E-Mail-Adressen erhielt diese Nachricht, die über einen ausländischen Proxy-Server, der den ursprünglichen Absender unkenntlich macht, versandt wurde.

Schon in seiner Zeit als Fondsanalyst hatte sich Stefan Loipfinger als kritischer Journalist profiliert und war in gewisser Weise an Angriffe auf seine Person gewöhnt. So hatte er Zettel in seinem Briefkasten gefunden und sogar offene Droh-Mails erhalten.

Doch diese E-Mail offenbarte eine ganz neue, viel perfidere Dimension der Bedrohung. Loipfinger erstattete Anzeige gegen Unbekannt. Aufgrund des Umwegs über den Proxy-Server sahen sich die Ermittlungsbehörden außerstande, den Täter ausfindig zu machen, und stellten das Verfahren ein.

Trotz des bemerkenswerten Aufwands blieb der ersten rufschädigenden Aktion vom Februar 2010 der gewünschte Erfolg versagt. Im Gegenteil ist es sogar wahrscheinlich, dass der unbeholfene Duktus und die absurden Anschuldigungen Stefan Loipfinger, seiner Internet-Seite und seinem Anliegen zusätzliche Glaubwürdigkeit und Reputation verschafften.

Also wurden die Methoden der Verfolgung optimiert: Seit dem Frühsommer 2010 existiert ein Internet-Portal, das sich ganz offensichtlich und ausschließlich der Verfolgung von CharityWatch.de und Stefan Loipfinger widmet. Hier wurden die Diffamierungen deutlich verfeinert, juristisch sind sie deshalb kaum zu verfolgen.

Auch sonst vervielfältigten sich die virtuellen Gegner von Stefan Loipfinger im Laufe des Jahres 2010: Verschiedene Personen, die lediglich als E-Mail-Adresse zu existieren scheinen, geisterten durch die Blogger-Szene und hinterließen auf den verschiedenen Blogs Kommentare, die zwar nichts mit dem Thema des jeweiligen Blogs zu tun hatten, jedoch CharityWatch.de und Stefan Loipfinger vorwarfen „nachweislich" zu lügen.[36]

Im Dezember 2010 erhielten rund 2.400 Journalisten eine Mail, in der sie ganz offen um Hilfe im Kampf gegen Stefan Loipfinger gebeten wurden. Zudem wurden seit Ende des Jahres 2010 gezielt Journalisten, die CharityWatch.de in ihren Artikeln zitiert hatten, angeschrieben und davor gewarnt, sich auf Loipfinger zu beziehen, weil dieser „nachweislich" lüge. Verfing diese Behauptung nicht direkt beim jeweiligen Journalisten, erhielt dessen Redakteur oder Ressortleiter einen entsprechenden Hinweis.

Dies blieb – so Loipfinger – nicht ohne Wirkung: „Wer handelt sich schon gern Ärger ein?" Für einen freien Journalisten, der sich ständig neue Aufträge suchen muss, kann dies rasch existenzbedrohend sein: Dies traf nicht nur Loipfinger persönlich, der nach wie vor als freier Journalist arbeitet und daher auf Auftraggeber angewiesen ist, es betraf ebenso andere Kollegen, die nach diesen massiven Einschüchterungen davon Abstand nahmen, jemals wieder über CharityWatch.de zu berichten.

Auch wenn der oder die Gegner von Stefan Loipfinger nur wenig mit dem Cyberstalker gemein haben, der den Musiker Bruno Leicht verfolgt, sind doch gewisse Parallelen deutlich erkennbar: In beiden Fällen geht es den Tätern darum, Kontrolle auszuüben: Kontrolle über eine Person, Kontrolle über eine missliebige Internet-Seite oder aber auch Kontrolle über ein Unternehmen, mit dem man im Wettbewerb steht.

Als Einzelkämpfer hat Stefan Loipfinger das Problem, dass jeder Angriff auf das Renommee seines Portals CharityWatch.de am einfachsten über eine Diffamierung seiner eigenen Person lanciert werden kann. Damit unterscheidet er sich in keiner Weise von – meist mittelständischen – Unternehmen, die eng verbunden mit dem Gründer oder Inhaber sind und dessen Namen häufig auch in der Firmierung tragen. So ist bei der „Franz Müller GmbH" die Reputation des Unternehmens eng an den Ruf von Franz Müller selbst gekoppelt.

In einem solchen Fall ist es sinnvoll, die Reputation auf verschiedene Personen zu verteilen oder durch eine Restrukturierung der Organisation einzelne Personen ganz generell hinter der Gesamtunternehmung zurücktreten zu lassen. Wird die Reputation der Organisation wiederum systematisch durch einen guten Leumund gestärkt, kann man dadurch eindimensionalen, auf Personen fokussierten Rufmordattacken die Angriffsfläche entziehen.

Man kennt sich – man hilft sich

Es ist – auf eine bisweilen beklemmende Art und Weise – recht interessant, zu beobachten, wie das Medium Internet das Verhalten „ganz normaler Menschen" beeinflussen kann. Hier sind Angriffe auf Personen zwar eher selten, geht es dagegen um Unternehmen – gleich welcher Größe –, scheinen die Hemmschwellen einiger Internet-User deutlich niedriger zu liegen.

Auch hier fängt alles ganz harmlos an. Vielleicht ist Ihnen das ja auch schon passiert: In Ihrem Freundes- oder Bekanntenkreis gibt es jemanden, der ein Buch verfasst oder ein Musikalbum aufgenommen hat. Zählt dieser Jemand zur netteren Sorte, wird er Ihnen ein Exemplar seines Buches oder seiner Platte schenken – und Sie gleichzeitig darum bitten, dass Sie, wenn es nicht zu viel Mühe macht, eine positive Bewertung des Buches oder der CD bei Amazon hinterlassen. Natürlich tun Sie ihm diesen Gefallen – er ist ja schließlich Ihr Freund.

Was aber, wenn aus diesem Freundschaftsdienst eine systematische Praxis wird? Was als harmloser Freundschaftsdienst begann, kann rasch in etwas umschlagen, das man zumindest als Wettbewerbsverzerrung bezeichnen könnte. Dies belegt etwa das Beispiel eines großen, internationalen Anbieters aus der Elektronik-Branche, der unter anderem Amazon als wichtige Vertriebs-Plattform nutzte. Hier richtete die Möglichkeit, bei den verschiedenen nationalen Amazon-Plattformen Produkte aus Käufersicht bewerten zu können, massiven Schaden an.

Kaum hatte der Anbieter ein neues Produktangebot online gestellt, zeigte sich jedes Mal, dass dieses innerhalb kürzester Zeit von einer Vielzahl von Amazon-Kunden negativ bewertet wurde. Gleichzeitig freute sich einer der Mitbewerber über eine ebenso große Anzahl positiver Bewertungen – von exakt denselben Nutzern, die zuvor die Produkte unseres Elektronik-Anbieters negativ bewertet hatten.

Es lag nahe, dass es sich hier um eine Manipulation handeln musste: Eine Beschwerde bei der Handelsplattform Amazon war aussichtslos, da deren Regeln formal nicht angetastet worden waren. Um dennoch eine gewisse wirtschaftliche Fairness innerhalb dieser Marktnische herzustellen, griff der Anbieter zu einem drastischen Schritt und antwortete mit denselben Mitteln: Innerhalb kürzester Zeit wurden Dutzende Freiwillige aus dem Unternehmensumfeld rekrutiert, die sich einen Amazon-Account zulegten, um fortan die Produkte des Mitbewerbers abzuwerten und die Produkte unseres Elektronikanbieters positiv zu beurteilen.

Zugegeben: Die „feine englische Art" war das nicht. Doch es war die einzige Möglichkeit, überhaupt etwas zu tun und den erheblichen Umsatzeinbrüchen, die durch die andauernden Negativbewertungen auf Amazon entstanden waren, entgegenzuwirken. Nachdem der Bewertungs-Wettlauf einige Zeit angedauert hatte, sahen beide Parteien ein, dass ein Wettrüsten mit mehreren hundert Bewertungen am Tag wohl auf Dauer keine Lösung sein konnte. Es wurde schließlich ein extern moderierter Mediationsprozess in Gang gesetzt, in dessen Verlauf die beiden Kontrahenten Kontakt zueinander fanden und schließlich einen „Code of Conduct" aushandelten. Diese Spielregeln wurden fortan befolgt und waren simpel: Es stand jedem frei, seine eigenen Produkte mit positiven Bewertungen zu versehen, negative Bewertungen für die jeweiligen Konkurrenz-Produkte blieben dagegen tabu.

Für eine Gratis-Massage extra

Dass es hier am Ende zu einer Einigung kam, mit der beide Kontrahenten in der Folge gut leben konnten, liegt nicht zuletzt daran, dass die Unternehmen die gleichen Interessen verfolgten und damit auch eine gemeinsame Basis mitbrachten, auf der sie sich einigen konnten. Fehlt diese gemeinsame Basis, etwa weil die Beteiligten grundsätzlich unterschiedliche Motivationen haben, wird eine Lösung deutlich schwieriger, wie der folgende Fall zeigt.

Hier haben wir es mit einem Hotelier zu tun, der in einer malerischen Gegend im Süden Deutschlands ein kleines, aber feines Hotel betreibt. Das Hotel mit seinen 30 bis 40 Betten hatte er von seinem Vater übernommen und verfolgte fortan ambitionierte Ziele: So nutzte er eine weitreichende Renovierung unter anderem dazu, das Haus um eine Reihe von Wellness-Angeboten zu erweitern. Gleichzeitig entwickelte unser Hotelier neue Preise – nicht nur um die neuen Wellness-Möglichkeiten zu bewerben, sondern auch, um seine Betten außerhalb der Saison möglichst gut zu belegen. Dass er dabei unter anderem Angebote einführte, die sich in den traditionell schwachen Monaten des Jahres am unteren Ende des ortsüblichen Preisrahmens bewegten, führte im Internet zu einem bösen Erwachen.

Kaum hatte der Hotelier sein Haus nach der Renovierung wieder eröffnet, machte er eine erstaunliche Beobachtung: Auf den einschlägigen Bewertungsseiten, die das Internet für Hotel- und Übernachtungsangebote offeriert – etwa HolidayCheck.de oder TripAdvisor.de –, häuften sich negative Bewertungen seines Hauses. Zudem wurden sogar Angebote negativ bewertet, die gar nicht existierten, etwa ein Außenpool oder bestimmte Massageangebote.

Leider traf dieser Fall von Rufmord im Internet den Hotelier deutlich härter als den oben erwähnten Elektronik-Anbieter, denn die Bewertungen auf Online-Hotel-Portalen werden nicht nur von Kunden gelesen, sondern zusätzlich von den Kontingent-Vermittlern genau studiert. Und für einen Hotel-Betreiber ist es von existenzieller Bedeutung, dass sein Haus in den Katalogen der Reiseveranstalter aufgeführt wird. Mit gutem Grund fürchtete der Hotelier deshalb um seine Existenz, als ihm die ersten Mitteilungen von Reiseveranstaltern ins Haus flatterten, die ihm dringend nahelegten, seine Negativ-Bewertungen auf den Hotel-Bewertungsportalen in den Griff zu bekommen, andernfalls sähe man sich womöglich gezwungen, sein Hotel aus den Katalogen zu streichen.

Alarmiert durch diese Mitteilungen der Reiseveranstalter, bemühte sich der Hotelier nun intensiv darum, seine zufriedenen Stammgäste um positive Bewertungen auf den verschiedenen Hotel-Bewertungsportalen im Internet zu bewegen. Die Reaktion war verblüffend: Natürlich würde man dem Haus, dem man ja schon seit Jahren verbunden sei, gern diesen kleinen Gefallen erweisen – aber dafür gäbe es doch gewiss auch eine Gegenleistung?

Noch deutlicher wurden die „neuen" Gäste des Hauses. Die zeigten sich nämlich bereits vorab bestens informiert und konfrontierten den Hotelier von sich aus mit seinen aktuellen Online-Bewertungen: Man könne eigentlich gar nicht verstehen, wie es zu diesem fatalen Bewertungsprofil käme, und man werde gewiss gern eine positive Bewertung platzieren – aber was hätte man denn wohl davon? In einigen Fällen wurden die Angebote sogar völlig unverblümt formuliert: „Entweder es gibt eine Gratis-Massagebehandlung extra, oder es hagelt negative Bewertungen."

Vergleicht man die Lage dieses Hoteliers mit der des erwähnten Elektronik-Anbieters, offenbaren sich durchaus neue Qualitäten desselben Problems: Hatten sich bei Amazon zwei Wettbewerber getroffen, zwischen denen letzten Endes eine gewisse Waffengleichheit bestand, die ihre gegenseitige Motivation verstanden und die sich so zu einem Gentlemen's Agreement durchringen konnten, so wurde bei den Hotel-Bewertungsportalen „über die Bande gespielt".

Anders dürfte sich der Fall des Hoteliers kaum erklären lassen. Die Kunden des Hoteliers waren normale Urlauber, die ein paar freie Tage in einem Familien-Hotel in Süddeutschland verbringen wollten – Menschen, deren kriminelle Energie sich darin erschöpfen dürfte, ein paar Cent zu wenig in die Parkuhr zu werfen. Dass diese Menschen den Hinweis auf ein Bewertungsportal nutzen, um einen Extra-Rabatt oder zusätzliche Leistungen herauszuschlagen, hatte einen einfachen Grund: Ihnen war eben nicht bewusst, dass die Bewertungen auf diesen Portalen für den betroffenen Hotelier durchaus eine existenzielle Bedeutung haben. Eine vielleicht auch nur ansatzweise vorhandene Rabatt-Mentalität tat ihr Übriges, und schon fand sich ein bis dahin ahnungsloser Hotelier wenn nicht dem Rufmord, so doch dem massiven Druck seiner Kunden ausgesetzt. Und das alles, weil Hotelbewertungsportale im Internet mittlerweile einen entscheidenden Einfluss auf das Buchungsverhalten neuer Gäste und die Aufnahme in die Kataloge der Reiseveranstalter haben.

Nicht nur im Hotelgewerbe, sondern auch in anderen Branchen erweist sich immer wieder, dass Bewertungsportale die Welt nicht einfacher machen: Auf den ersten Blick dienen diese Portale einem durchaus anerkennenswerten Zweck: Sie helfen uns, bei einer Kaufentscheidung auf die Erfahrungen anderer zurückzugreifen – und das funktioniert oftmals auch sehr gut.

Dennoch sind Bewertungsportale nicht unproblematisch: Wo engagierte Internet-Nutzer in gutem Glauben und besten Absichten Bewertungen abgeben, schaffen sie mit ihren Bewertungen gleichzeitig auch scheinbare Fakten, die sich aus ihrer subjektiven Sicht der Dinge ergeben.

Besonders schwierig ist der Umgang mit Bewertungsportalen immer dann, wenn nicht Produkte, sondern Menschen und ihre Leistungen bzw. Dienstleistungen bewertet werden sollen. Sie werden sich vielleicht an den „Spickmich-Fall" erinnern: Hier hatte eine Deutschlehrerin die Betreiber der Internet-Seite „spickmich.de" verklagt, um zu erreichen, dass ihr Name, der Name ihrer Schule sowie die unterrichteten Fächer im Zusammenhang mit einer Gesamt- und Einzelbewertung gelöscht werden. Mit Unterstützung des Deutschen Lehrerverbandes wurde der Fall bis vor das Bundesverfassungsgericht getragen, wo die Klage im September 2010 schließlich endgültig abgewiesen wurde.[37]

In seiner Urteilsbegründung schloss sich das Verfassungsgericht der Auffassung des Bundesgerichtshofs an, der bereits im Juni 2009 entschieden hatte, diese Lehrerbenotungen seien zulässig, da sie „weder schmähend noch beleidigend" seien. Daher müssten der Persönlichkeitsschutz der Lehrerin und ihr Recht auf informationelle Selbstbestimmung hinter das Recht auf freie Meinungsäußerung zurücktreten. Gleichzeitig erklärte der BGH, die Spickmich-Bewertungen seien Meinungsäußerungen, die die berufliche Tätigkeit der Lehrerin beträfen.[38]

Urteile des Bundesverfassungsgerichts sind bindend.[39] Insofern soll hier auch diesem Urteil nicht widersprochen werden. Dennoch gilt es zu fragen, wie objektiv eine Bewertung sein kann, die Schulnoten von 1 bis 6 vergibt und sich dabei an Kriterien wie „cool und witzig", „beliebt", „motiviert", „menschlich", „gelassen" oder „guter Unterricht" orientiert. Vergessen wir auch nicht, dass das Bundesverfassungsgericht festgestellt hat, dass es sich hier um Meinungsäußerungen – und nicht etwa um solide Fakten – handelt.

Dass das Urteil bei den verschiedenen Lehrerverbänden nur wenig begeistert aufgenommen wurde, wird niemanden verwundern. Dennoch müssen wir konstatieren, dass die Meinungsäußerungen auf spickmich.de für einen Lehrer wenig Konsequenzen haben: Ihr Gehalt ist unabhängig davon, ob sie von ihren Schülern beispielsweise als „cool" bewertet werden.

Anders sieht die Sache aus, wenn man bedenkt, wie viele Bewertungsportale es inzwischen für Handwerker, Finanzberater, Ärzte oder Anwälte gibt: Auch hier geht es letztlich um Meinungsäußerungen, deren Ergebnisse von existenzieller Bedeutung sein können.

Natürlich sind wir nicht alle „Gutmenschen", und viele Kritiken sind sicherlich berechtigt, doch es ist interessanterweise nicht zuletzt das Medium Internet, das Personen zu Handlungen verleitet, die den Ruf von Lehrern, Ärzten, Handwerkern oder Unternehmen schädigen können. Das Internet bietet eine Anonymität, die die Hemmschwelle für Handlungen senkt, die wir im realen Leben nicht ohne weiteres begehen würden – gerade weil die Verbindung zwischen der Tat und ihren Auswirkungen nicht mehr unmittelbar nachvollziehbar ist. So verleitet das Spiel über die Bande der Bewertungsportale juristisch bis dato völlig unauffällige Personen bisweilen zu einem Verhalten, das man ebenso gut mit dem Wort „Erpressung" umschreiben könnte.

Angebote, die man nicht ausschlagen kann

Wenn das Wort „Erpressung" lediglich in Anführungszeichen gesetzt war, geschah dies nur aus einem einzigen Grund: In der digitalen Welt unserer Tage ereignen sich immer wieder Dinge, die diese Bezeichnung auch ohne Anführungszeichen rechtfertigen.

Vor nicht allzu langer Zeit meldete sich bei den Revolvermännern ein Kunde, der ein Leasing-Unternehmen betrieb. Ein Finanzdienstleister mittlerer Größe, bei dem eine E-Mail eingegangen war, deren Inhalt an Schlichtheit kaum zu überbieten war: Gegen Überweisung eines fünfstelligen Euro-Betrags würden gewisse negative Bewertungen über sein Unternehmen erst gar nicht im Internet auftauchen. Aus meiner praktischen Erfahrung kann ich sagen: Dieses unmoralische Vorgehen ist leider kein Einzelfall.

In den meisten Fällen allerdings werden solche Angebote deutlich vorsichtiger formuliert: So kann es durchaus passieren, dass eine Fonds-Gesellschaft eine E-Mail von einem Internetportal erhält, aus der hervorgeht, dass beim Absender eine ganze Reihe von Beschwerden über eben diesen Finanzdienstleister eingegangen seien. Diese wolle man natürlich nicht ungeprüft veröffentlichen, aber schließlich sei man ein Verbraucherschutz-Portal, das sich aus eigenen Mitteln finanzieren müsse. Insofern sei man, um die inkriminierenden Bewertungen zu überprüfen und nach Möglichkeit zu entkräften, auf einen finanziellen Beitrag angewiesen. Dass dieser finanzielle Beitrag gemeinhin auf einen fünfstelligen Euro-Betrag beziffert wird, könnte natürlich auch nur Zufall sein.

Der Vollständigkeit halber sei erwähnt, dass solche „Vorschläge" bisweilen auch spürbar diskreter formuliert werden. So lautet eine Formulierung in etwa: „Ein Verbraucherschutz-Portal wie das unsere finanziert sich aus Spenden und Beiträgen unserer Sponsoren. Insofern gestatten wir uns bei dieser Gelegenheit, Sie höflichst auf die Möglichkeit aufmerksam zu machen, dass Sie sich natürlich gern auch als Sponsor unseres Portals engagieren dürfen ..." Natürlich würden die Betreiber des Portals gerade bei „ihren Sponsoren" eine besondere Sorgfalt bei der Überprüfung eingehender Beschwerden walten lassen. Just in diesem Fall lägen davon – rein zufällig – eine ganze Reihe zur Veröffentlichung vor. Würde es Sie allzu sehr wundern, wenn ich jetzt verrate, dass sich der hier erbetene Mitglieds- oder Sponsoren-Beitrag zum Schutz der eigenen Reputation auf einen jährlichen fünfstelligen Euro-Betrag beziffert?

Weshalb werden solche Angebote überhaupt unterbreitet? Probiert da irgendwer aus, wie weit er wohl gehen kann? Mitnichten: Macht sich ein Unternehmen, das mit einem solchen Angebot konfrontiert wurde, die Mühe, die Internet-Seite aufzurufen, von der eben dieses Angebot stammt, wird es wahrscheinlich rasch umdenken. Diese Seiten machen – prima vista – einen ausgesprochen guten Eindruck: Sie liefern Informationen für kleine und mittlere Investoren, die vergleichsweise sauber recherchiert sind und auch einer Überprüfung über die gängigen Internet-Suchmaschinen standhalten, denn die Meldungen decken sich mit den Nachrichten, die wichtige Quellen – Agenturen wie *dpa*, *Reuters* oder *afp* – ebenfalls liefern. Hinzu kommen Tipps und Informationen beispielsweise für Kleinanleger, die deutlich spezifischer und damit gewiss auch nützlicher sind.

Diese Seiten sind also topaktuell, gut gepflegt und strahlen Seriosität und Kompetenz aus. Der erste Eindruck: Was dort steht, das stimmt auch – also muss an den Vorwürfen und negativen Unternehmensbewertungen, die sich dort finden, wohl etwas dran sein!

Doch der erste Eindruck täuscht oftmals: Um ein Verbraucher-, Kleinanleger- oder Aktionärs-Schutzportal zu eröffnen, bedarf es lediglich eines vertrauenerweckenden Domain-Namens. Die seriositätstiftenden Agentur-Meldungen lassen sich ebenfalls für einen überschaubaren Betrag zukaufen – oder, ganz billig, klauen. Kein Problem: Die Internet-Seite sieht gut aus.

Und: Das schlichte Vorhandensein eines Impressums ist noch lange keine Garantie für die Integrität einer Seite. Unseriöse Organisationen arbeiten hart daran, dass sie eben nicht auf den ersten Blick als unseriös erkannt werden können.

Wer sich – auch nach einer solchen Recherche – immer noch weigert, das geforderte Schutzgeld zu zahlen, erlebt schnell das sprichwörtliche blaue Wunder, denn plötzlich findet er unter Eingabe seines Unternehmensnamens in den einschlägigen Internet-Suchmaschinen außer seiner für viel Geld professionell gestalteten Internet-Seite nur noch negative Einträge. Der Grund: Diese Verbraucherschutz-Portale sind seit langer Zeit im Netz präsent und sie sind bestens vernetzt. Also: Es gibt jede Menge seiteninterner Links und Links von anderen Seiten auf diese Seite. Sie werden regelmäßig (also mindestens täglich) aktualisiert, sie haben Affiliate-Programme, spezielle themenspezifische Unterseiten (Landingpages) und zahlreiche andere Elemente, die sich positiv auf ihre Positionierung auswirken. All dies sorgt dafür, dass diese Seiten eine hohe Suchmaschinen-Relevanz haben: Nachrichten, die die Betreiber auf diesen Seiten veröffentlichen, werden also von den Internet-Suchmaschinen ganz vorne in den Ergebnislisten angezeigt. Dies können selbst größere Finanzdienstleister mit ihrer eigenen Internet-Präsenz, also der Summe ihrer Veröffentlichungen im World Wide Web, kaum überbieten.

Daraus folgt: Veröffentlicht eine solche Internet-Seite einen negativen Artikel über unseren beispielhaften Finanzdienstleister, dann wird dieser Artikel (sowie seine unzähligen Abwandlungen auf den einschlägigen Partnerseiten) in den Suchmaschinen zweifellos alles erschlagen, was je an positiven oder zumindest neutralen Nachrichten über den Finanzdienstleister bereits veröffentlicht wurde. Selbst die eigene Internetseite des Finanzdienstleisters kann im

Dickicht der hinteren Google-Ergebnisse verschwinden. Und: Nur ein winziger Bruchteil der Google-Anwender klickt überhaupt je auf die zweite Seite einer Google-Suche – aber: 65 Prozent aller Anwender informieren sich im Internet, ehe sie in Finanzprodukte investieren.

Besonders perfide wird ein Angriff dadurch, dass die Suchmaschinen lediglich die Überschriften anzeigen, unter denen die Negativ-Nachrichten auf den sogenannten Verbraucherschutz-Portalen auftauchen („Schon wieder neue Vorwürfe gegen die xy Finanzdienstleistungs-GmbH"). Der Urheber dieser Nachrichten bleibt ungenannt und lässt sich bestenfalls mit einigem Aufwand feststellen. Tatsächlich zeigt sich oftmals, dass 80 bis 100 Prozent aller negativen Einträge direkt oder indirekt auf einen einzigen Ausgangspunkt zurückzuführen sind. So können diese selbsternannten Verbraucherschützer recht bequem aus dem Schutz einer De-facto-Anonymität agieren.

Ist diese Anonymität einmal aufgehoben, stellt man übrigens fest, dass wir es hier nicht mit einigen wenigen Einzelfällen zu tun haben. Gibt man den Namen eines dieser Verbraucherschutz-Portale in Google ein, offenbart sich ein interessantes Szenario: Etwa die Hälfte der Einträge greift auf das Portal selbst zu und ist selbstverständlich positiv. Die andere Hälfte der Suchergebnisse allerdings spricht eine deutlich andere Sprache: Hier finden sich regelrechte „Hass-Seiten", auf denen aus allen Rohren auf das gesuchte Portal geschossen wird.

Wahrscheinlich nehmen Sie jetzt an, dass sich die Opfer dieser Seiten hier zusammengetan haben und versuchen, sich mit gleichen Waffen zur Wehr zu setzen? Weit gefehlt: Tatsächlich wird dieser Aufstand von anderen Verbraucherschutz-Portalen veranstaltet, die sich ihrerseits dem Wohl von Aktionären, Kleinanlegern oder ganz normalen Verbrauchern verschrieben haben. Schade nur, dass ein genauerer Blick auf die hier genannten Seiten kaum dazu angetan ist, unseren Glauben an das Gute im Menschen wieder herzustellen, denn diese Seiten lassen sich auf den ersten

Blick kaum von der Seite unterscheiden, gegen die sie Stimmung machen: Sie sind professionell gestaltet, seit langer Zeit im Internet präsent, werden regelmäßig aktualisiert, sind bestens vernetzt, sie unterhalten Affiliate-Programme mit gleichgesinnten Seiten ... Diese Aufzählung ließe sich beliebig fortsetzen.

Sieht man sich in dieser Szene um, stellt man rasch fest, dass es allein im deutschsprachigen Raum rund ein halbes Dutzend „Verbraucherschutz-Portale" geben dürfte, die einander nach Leibeskräften bekämpfen. Viele haben ihren Sitz an einem Ort, der sich jedem deutschen Staatsanwalt entzieht. Das muss nicht mal ein exotischer Firmensitz auf Tuvalu, in Usbekistan oder auf den Cayman Islands sein: New York reicht völlig aus.

Eine weitere Gemeinsamkeit vieler dieser Schutzportale für Verbraucher, Kleinanleger, Investoren oder Aktionäre blieb bislang unerwähnt: Die meisten von ihnen operieren nach demselben Geschäftsmodell. Sie pflegen eine Fassade aus seriösen Nachrichten aus Politik, Gesellschaft und vor allem aus der Wirtschaft. Sie warnen ihre Leser regelmäßig vor unseriösen Unternehmen, die alle eines gemeinsam haben: Es handelt sich um kleine und mittelgroße Finanzdienstleister, die lediglich ihren guten Ruf als Basis ihrer Geschäftstätigkeit vorweisen können – sie sind gewissermaßen weiche Ziele.

So zeigt sich, dass Verbraucherschutz im Internet oft etwas ganz anderes ist als das, was etwa die „Stiftung Warentest" betreibt: Statt einer transparenten Institution, die unabhängig und nachvollziehbar Produkte oder Dienstleistungen überprüft, haben wir es mit undurchsichtigen Organisationen zu tun, die weder persönlich noch juristisch fassbar sind und auch vor Drohungen oder offener Erpressung nicht zurückschrecken.

„Quis custodiet ipsos custodes?", fragte der römische Satiriker Juvenal schon im zweiten nachchristlichen Jahrhundert: „Wer bewacht die Wächter?"[40] Für das Internet lässt sich diese Frage leicht beantworten: Niemand.

4

Die Bedeutung von Reputation

Lässt man die Beispiele aus dem privaten Bereich, die bisher ausführlich geschildert wurden, auf sich wirken, ist es ein Leichtes, sich vorzustellen, welchen enormen Wert ein guter Ruf beziehungsweise die Reputation für Unternehmen hat. Hier ist bei einer Rufmordattacke nicht nur die Existenz einer einzelnen Person betroffen, sondern im Zweifelsfall der Weiterbestand der gesamten Organisation gefährdet.

Für viele Unternehmen und Institutionen ist ihr guter Ruf – ihre Reputation – die wichtigste Geschäftsgrundlage, bisweilen sogar die einzige. Dass diese Geschäftsgrundlage gerade im Internet angreifbar ist, haben wir schon gesehen. Ebenso wissen wir, dass nicht nur die Reputation von Unternehmen, sondern auch die Reputation von „ganz normalen" Individuen online bemerkenswert leicht angegriffen werden kann.

Aber: Ist meine gesellschaftliche Position in der wirklichen Welt tatsächlich infrage gestellt, wenn irgendwer im Internet gegen mich polemisiert oder falsche Nachrichten verbreitet? Kann ich mein Offline-Geschäft nicht auch ganz normal weiter betreiben, obwohl Erpresser aus dem Internet meinen Ruf bedrohen?

Leider lassen sich diese Fragen nicht ganz so einfach beantworten, denn ihnen zugrunde liegt letztlich die Frage, inwieweit eine Rufschädigung in der virtuellen Welt in die Realität hineinreicht – und wie wichtig Reputation in unserer alltäglichen Wirklichkeit tatsächlich ist.

Herzinfarkt für den Börsenkurs

Welchen Anteil die Reputation am Unternehmenswert ausmacht, zeigt sich deutlich, wenn ein Reputationsschaden unmittelbar in Wertverluste mündet. Der gute Ruf, das öffentliche Ansehen, das Vertrauen, dessen wir uns würdig erweisen, ja auch die Sympathie, die uns entgegengebracht wird, sie haben maßgeblichen Anteil am Unternehmenswert. Deutlich wird dies, wenn man sich beispielsweise die Verehrung von Apple-Chef Steve Jobs vor Augen führt. Seit Anfang 2011 klar ist, dass Jobs aufgrund seiner Krebserkrankung eine weitere Auszeit vom Konzernbetrieb nehmen muss, sind die Aktienkurse massiv gefallen. *Die Zeit* konstatiert zu dieser Entwicklung: „Kein Konzern scheint derart abhängig vom Gesundheitszustand seines Vorstandschefs zu sein wie Apple. Kein Konzern scheint mit seinem Chef derart in eins zu fallen."[41]

Genau diesen Umstand hatte sich schon 2008 ein gewisser „johntw" im Internet zunutze gemacht. Nach einem Bericht der *Süddeutschen Zeitung* platzierte er folgende Nachricht im World Wide Web: „Steve Jobs wurde vor ein paar Stunden in die Notaufnahme gebracht, nachdem er zuvor einen schweren Herzinfarkt hatte. Ein Insider berichtete mir, dass die Sanitäter gerufen wurden, nachdem Steve über heftige Schmerzen in der Brust und Atemnot geklagt hatte. Meine Quelle möchte anonym bleiben, ist aber sehr verlässlich."[42]

Die Reaktionen in der „realen Welt" waren schnell und panisch: Binnen kürzester Zeit brach der Aktienkurs von Apple um 5,7 Prozentpunkte ein. Erst als Apple vehement öffentlich dementierte und glaubhaft versicherte, dass die Nachricht keinerlei Wahrheitsgehalt hätte und komplett frei erfunden sei, erholte sich der Kurs langsam wieder.

Es sind gerade die Identifikation mit der Marke oder den Produkten und das Vertrauen in Steve Jobs, die Apple so erfolgreich machen, aber eben dies bietet gerade im Internet auch eine gefährliche Angriffsfläche. Wenn schon falsche Meldungen zur Gesundheit des CEOs eines Unternehmens einen erheblichen wirtschaftlichen Schaden verursachen, sind ohne viel Fantasie eine Menge weiterer Szenarien und Nachrichten denkbar, die deutlich höhere finanzielle Einbußen verursachen könnten.

Aber man muss nicht Apple sein, um im Falle von Falschinformationen und Negativpublicity im Web erhebliche Schädigungen zu erleiden: Das gilt für viele, ja vielleicht für alle Branchen. Angefangen von Freiberuflern wie Ärzten oder Anwälten über den gesamten Mittelstand mit seiner lokalen Verankerung und der Notwendigkeit, über regionale Grenzen hinaus bekannt und geschätzt zu werden, bis hin zu Unternehmen, Konzernen oder sogar Staaten, deren Ansehen von globaler Bedeutung ist: Reputation ist heute oft eine härtere Münze als Liquidität. Jede Rufmord-Attacke kann dementsprechend zu einer bedrohlichen Situation führen.

Tatsächlich sind die angeblich weichen Faktoren, die sich zugegebenermaßen schwerer bewerten lassen, im Zweifel ausschlaggebend für Kreditwürdigkeit und Erfolg im Wettbewerb, also überlebenswichtig und somit ein zentraler Vermögenswert.

Werfen wir einen kurzen Blick auf das Internet, denn hier findet heute ein nicht unerheblicher Teil der Reputationsbildung statt, und insofern werden hier auch Werte geschaffen – oder eben vernichtet. Wie wir bereits gesehen haben, ist das Internet ein weitgehend rechtsfreier Raum, in dem es so gut wie keine regulativen Mechanismen gibt. Ein Raum, der noch immer auf einem bemerkenswert naiven Menschen- und Weltbild basiert. Dennoch formt sich hier die Wahrnehmung von Kunden, die – wie wir im Fall

Apple gesehen haben – gravierende Konsequenzen für Personen oder Unternehmen hat.

An dieser Stelle würde ich Sie gern auf das „Thomas-Theorem" aufmerksam machen. Es lautet: „If men define situations as real, they are real in their consequences"[43] – zu Deutsch heißt das in etwa: „Wenn Menschen Situationen als real definieren, dann sind sie real in ihren Konsequenzen."

Hand in Hand mit Google durch das Internet

Wenn wir darin übereinstimmen, dass die virtuelle Wirklichkeit des Internets tatsächlich nur aus farbigen Punkten auf einem Monitor besteht, so sind wir hier in besonderem Maße auf eine Hilfe angewiesen, die es uns ermöglicht, mit und in der virtuellen Welt zu agieren: die Suchmaschinen. Sie alleine beantworten die Frage, wie man sich in einer virtuellen Welt, die aus mehr als 50.000.000.000 Seiten besteht, zurechtfinden kann.

Hier zeigt sich die nicht zu überschätzende Macht der Suchmaschinen, denn sie alleine sind es, die für uns die digitale Welt aufräumen und ordnen. Sie geben vor, was wichtig oder unwichtig, richtig oder falsch ist. Die Suchmaschinen haben auf uns „mündige Internet-Nutzer" im Web einen großen Einfluss, dessen sich jedoch viele Nutzer nicht in vollem Umfang bewusst sind.

Die Suchmaschinen? Nein, *die* Suchmaschine. Auch wenn Microsofts Suchmaschine „Bing" es mittlerweile geschafft hat, etwas mehr als neun Prozent des Weltmarktes zu erobern, wird sie in Deutschland kaum genutzt. Dasselbe gilt für Wettbewerber wie AltaVista, Lycos oder Yahoo. Hierzulande ist Google praktisch die einzige Instanz, die uns an die Hand nimmt und den Weg durch Milliarden von Informationen, Kommentaren und Meinungen weist.

Was ist Reputation?

Meinungen und Einschätzungen Dritter – wir sind auf sie angewiesen, wollen wir unser Leben im beginnenden 21. Jahrhundert kontrollieren. Kaum jemand hat überhaupt noch die Chance, Entscheidungen auf der Basis eigener Erfahrung oder Erkenntnisse zu treffen: Armani oder Brioni? Audi oder Mercedes? – Die Aufzählung ließe sich unendlich fortsetzen. Dennoch müssen wir uns irgendwann entscheiden, für welches Auto, welchen Anzug oder welchen Fernseher wir unser Geld ausgeben. Da wir das nötige Rüstzeug für die jeweils erforderliche Entscheidung nur selten selbst mitbringen, sind wir auf die Vorurteile, Meinungen oder Erfahrungen anderer angewiesen.

Genau dies ist Reputation: Wir treffen Entscheidungen über Investitionen, oftmals ohne persönlich die erforderliche Basis für diese Entscheidungen mitzubringen. Also hoffen und vertrauen wir darauf, dass die Erfahrungen, Meinungen oder Vorurteile, die unser soziales Umfeld zu diesem oder jenem Produkt bietet, uns eine relative Gewissheit darüber geben können, ob sich diese Investition lohnen wird.

Führen Sie sich vor Augen, dass es immer noch vergleichsweise einfach ist, sich selbst ein Bild von der Fertigungsqualität eines Autos, eines Anzugs oder auch eines Fotoapparats zu machen: Für so etwas gibt es beispielsweise den jeweils zuständigen Fachhandel. Ein wesentlicher Teil unserer Investitionen gilt jedoch Produkten, bei denen dies nicht mit einem überschaubaren Aufwand zu leisten ist: Dies ist beispielsweise der gesamte Sektor der Finanzdienstleistungen. Fonds, Versicherungen, Anlagemodelle oder Alterssicherungen lassen sich nicht einfach dadurch bewerten, dass man sich überzeugt, ob etwa die Nähte gut gearbeitet oder die Schrauben sämtlich verzinkt sind. Sie können uns lediglich ein einziges Verkaufsargument liefern – oder eben nicht: die Reputation des Anbieters. So profitieren gerade die großen Konzerne wie etwa die Allianz oder die Deutsche Bank davon, dass man sie kennt und daher auch ihren Produkten in hohem Maße vertraut.

Nun ist es in der realen Welt nicht immer problemlos möglich, auf Erfahrungen, die unsere Freunde und Bekannten – mithin Menschen, denen wir vertrauen – mit bestimmten Produkten oder Dienstleistungen erworben haben, zurückzugreifen. Im Internet dagegen ist es kein Problem, fremde Erfahrungen zu nahezu jedem denkbaren Angebot abzurufen. Allerdings fehlt hier das soziale Korrektiv. Wir wissen nicht, ob die im Internet publizierten Erfahrungen tatsächlich der Realität entsprechen. Wir wissen auch nicht, ob etwa ein negativ bewertetes Produkt „objektiv" tatsächlich „schlecht" ist – oder einfach nur deshalb durch einen Kunden negativ bewertet wurde, weil dieser beispielsweise selbst einen groben Handhabungsfehler begangen hat. Wir kennen also nicht seine Motivation für die negative Bewertung. Das Einzige, was wir sehen, ist allein diese negative Bewertung, die vielfach auch noch anonym vorgetragen wird. Wir können diese glauben – oder eben nicht.

Gelten unsere sozialen Regeln im Web?

Während wir in der wirklichen Welt über ein soziales Regelwerk interagieren, das sich über Jahrtausende entwickelt hat, fehlt ein eigenes Regelwerk für diese virtuellen Welt nahezu völlig. So ist es nur allzu verständlich, wenn wir unser „normales" soziales Regelwerk in das Internet transferieren – und in den meisten Fällen funktioniert das auch problemlos. Geraten wir in der virtuellen Welt allerdings an Zeitgenossen, die sich nicht an dieses Regelwerk gebunden fühlen – wie das etwa Bruno Leicht passierte –, können wir umso schneller zum Opfer werden.

Wie wir alle in die soziale Gemeinschaft eingebettet sind, darüber entscheidet letztlich die Reputation. Achtung und Selbstwertgefühl lassen sich nicht kaufen. Was nutzt uns Besitz, wenn uns keiner mehr schätzt, wir isoliert, herabgewürdigt und beschimpft werden?

Wer in solch eine Situation kommt, konfrontiert wird mit unhaltbaren, herabwürdigenden Vorwürfen, die die Grundsubstanz seiner Existenz berühren, der macht die Erfahrung, dass sein materieller Besitz an Bedeutung verliert. In solch einer Situation sind bisher erworbener Wohlstand und Erfolg nichts mehr wert. Und mehr noch: Solche Angriffe gefährden nicht nur den aktuellen Status, entwerten nicht nur, was bislang geschaffen und erarbeitet wurde, sondern können sogar über Generationen hinweg Menschen unter Druck setzen, den Ruf ruinieren, Lebenswerke und nicht zuletzt Unternehmen zerstören.

Die Reputation, wie wir sie in modernen Gesellschaften definieren, setzt sich aus drei Faktoren zusammen:

* Die funktionale Reputation, die unser Know-how vermittelt, mit dem wir wirtschaftlich, politisch und kreativ erfolgreich am Markt agieren.[44]
* Die expressive Reputation, die uns in der Außenwirkung attraktiv und seriös macht und uns Einzigartigkeit verleiht.[45]
* Die soziale Reputation, die unsere moralische Integrität darstellt und unsere soziale Stellung in der Welt definiert und dabei hilft, Kontakte zu knüpfen.[46]

Reputation ist also auch ein wichtiges Vertriebsinstrument. Insofern muss die Reputation eines Unternehmens nicht nur in ihrer Außenwirkung berücksichtigt werden, sie muss sich auch zwingend in den internen Strukturen und Abläufen manifestieren.

Die Faktoren Zeit und Effizienz sind hier von besonderer Bedeutung, denn nachdem ein Reputationsschaden einmal eingetreten ist, lässt sich nur mehr Schadensbegrenzung betreiben. Im Nachhinein kann ein schlechter Ruf zwar relativiert und in den Hintergrund gedrängt werden; ungeschehen machen lässt sich der Schaden dennoch nie wieder.

Wichtig ist, dass eine genaue Beobachtung mögliche Gefahren im Vorfeld offenlegt. Die richtige Einschätzung des Gefahren- und des Gefährdungspotenzials für ein Unternehmen ist dabei von besonderer Bedeutung. Dann lässt sich gezielt reagieren, wobei die Reaktion auf den jeweiligen Angreifer abgestimmt sein muss.

Neben der Verhinderung von Angriffen auf die Reputation ist die Stärkung einer positiven Reputationsdynamik von elementarer Bedeutung. Diese Prozesse werden bei der Analyse von Suchmaschinen-Ergebnissen – etwa bei Google – rasch augenfällig.

Google ist im Grunde eine Reputationsmaschine, denn Google bewertet den Inhalt von Seiten und bemisst entsprechend dem Seitenumfeld die Empfehlungen und Links, die auf die jeweilige Seite gegeben werden. So trägt eine Nennung auf einer für das Produkt oder die Dienstleistung relevanten Seite messbar zur Reputation eines Produktes oder Unternehmens in den Google-Suchergebnissen bei. Erwähnungen in anderen Kontexten haben dagegen weniger oder gar keine Relevanz, je nachdem, wie Google die Seite bewertet.

Freiheit der Meinung oder Freiheit der Lüge?

Tatsächlich wird in der Internet-Community täglich über Ethik diskutiert, und nichts bringt die Internetgemeinschaft stärker auf die Barrikaden als die Missachtung ihrer Werte. Diese moralische Bewegung reicht von Blogs und Social Networks bis hin zu den Kurzmitteilungen von Twitter.

Meinungsfreiheit ist wahrscheinlich das höchste Gut des Internets. Auf der anderen Seite kann jeder – auch grundlos – jedem anderen Unmoral vorwerfen und ihn mit verlogenen Argumenten vor dem Rest der Internetgemeinde bloßstellen. Die Meinungsfreiheit im Internet wird leider oftmals missbraucht.

Im Web kann beinahe jeder ohne Aufwand publizieren. Somit ist jeder unzufriedene Kunde eine potenzielle Gefahr und kann innerhalb kürzester Zeit – ohne sich der Tragweite bewusst zu sein – zum Rufmörder werden. Welcher Blogger hat schon eine eigene Rechtsabteilung, die ihm von der Veröffentlichung unhaltbarer Vorwürfe abrät? Ein Angriff auf die Reputation wird oftmals erst durch die Veröffentlichung im Internet erkennbar und lässt dem Beschuldigten keine Chance, im Vorfeld zu agieren. Es bleibt ihm nur, im Nachhinein zu reagieren. Andererseits gestaltet es sich im Internet wesentlich einfacher, auf Fehlmeldungen Bezug zu nehmen, als es bei anderen Medienkanälen der Fall ist.

Die Offenheit des Netzes, die der Angreifer nutzt, ermöglicht auch dem Verteidiger, seine Reputation in Schutz zu nehmen. Allerdings hat derjenige die besseren Chancen in diesem Spiel, der als Erster am Zug ist. Sollte dies der Angreifer sein, so handelt der Beschuldigte von Anfang an aus einer Abwehrhaltung, die seine Position schwächt. Besser ist es, zu agieren, bevor ein Angriff stattfindet. Solch eine präventive Aktion kann in der Präsentation der eigenen Marke, in der Information von Stakeholdern oder einfach in der Teilnahme am täglichen Online-Geschehen vollzogen werden. Im Vordergrund stehen dann unter anderem die Stärkung der Besucherfrequenz einer Seite, die optimierte Listung in Suchmaschinen und die Präsenz in der sozialen Vernetzung. Dies kann bereits genügen, um im Ernstfall eine eingeführte Plattform zur Verfügung zu haben, von der aus man Stellung beziehen kann und sich Gegenmaßnahmen gegen Rufmord-Attacken einleiten lassen.

Effektiver ist es allerdings, die Vorsorge spezifisch auf den Ernstfall auszurichten. Dies erfordert jedoch eine genaue Analyse der Stärken und Schwächen eines Unternehmens. Die eigenen Stärken lassen sich gezielt kommunizieren, und damit lässt sich für eine gesunde Reputation sorgen. Für vorhandene Schwächen müssen bereits in dieses strategische Kommunikationskonzept die Ankerpunkte gesetzt werden, an denen sich im Ernstfall der Reputationsschutz festmachen lässt. Diese Vorgehensweise bewährt sich übrigens nicht nur im Internet, wo sie allerdings am effektivsten umgesetzt werden kann, sondern empfiehlt sich als vorbeugende Maßnahme auch für alle anderen Mediensparten.

Werte wahren

Wir müssen uns vergegenwärtigen, dass die Reputation eines Unternehmens oder einer Institution für Kunden in eine ganz persönliche (Kauf-)Erfahrung mündet. Darüber darf man nicht hinweggehen, denn Werte geben Unternehmen Chancen, die sich mittelfristig in (Umsatz-)Zahlen ausdrücken. Es ist eben für Kunden nicht egal, bei wem sie kaufen, wenn sie die Wahl haben, vergleichbare Waren oder Dienstleistungen bei jemandem zu erwerben, dessen Reputation einwandfrei ist und der nicht fortgesetzten Negativmeldungen ausgesetzt ist.

Wenn Kunden beispielsweise zunehmend auf Waren Wert legen, die unter fairen ökonomischen und ökologischen Gesichtspunkten hergestellt werden, dann werden sie ihre T-Shirts bei dem Anbieter kaufen, der nicht in dem Verdacht steht, mit Hilfe von Kinderarbeit seine Produktionskosten zu optimieren. Unternehmen müssen jedoch damit rechnen, dass beispielsweise Wettbewerber diesbezüglich falsche Behauptungen im Netz hinterlassen. Für Kunden, die auf diese Nachrichten stoßen, können diese tatsächlich zu der Entscheidung führen, ihre T-Shirts woanders zu kaufen. Eine gezielte Rufmordattacke kann in diesem Umfeld zum Beispiel nicht nur einen Lieferanten treffen. Auch als Händler ist man in ähnlichem Maße betroffen, denn schließlich verkauft man ethisch nicht korrekte Ware. Es gilt also, wachsam zu sein, sowohl seine Lieferanten als auch das eigene Kundenumfeld auf potenziell negative Kritik zu überprüfen und im Ernstfall richtig zu reagieren.

Das ist das Wesen der Reputation von Unternehmen: Auf der Basis verfügbarer Unternehmensdaten, übermittelter Fremderfahrungen und Erinnerungen, persönlicher Kenntnisse und Verhaltensweisen entsteht ein Bild, das Kunden und Internet-Nutzer wahrnehmen und das sie selbst wiederum als Bild des Unternehmens weitergeben.

Reputation ist somit eine Hochrechnung, ob ein Mensch, ein Unternehmen oder eine Institution mein Vertrauen wert ist und in der Lage sein wird, meine persönlichen Erwartungen zu erfüllen.

Wenn wir aber Reputation lediglich als geschickte Marketingstrategie oder als Waffe gegen unliebsame Gegner betrachten, können wir über kurz oder lang nicht mehr mit ihr rechnen. Man kann seinen guten Ruf nicht inszenieren, er muss durch gelebte Werte untermauert werden. Dies gilt für die Realität wie für das Internet.

Das Internet hat jedoch einen Sonderstatus der Kommunikation eröffnet, der sich grundlegend von den Print- und Funkmedien unterscheidet. Kein anderes Massenmedium hat diesen individuellen Charakter. Jeder kann im Internet kommunizieren, aber auch potenziell zum Gegenstand der Kommunikation werden.

Nie zuvor war es Kunden möglich, ohne zusätzlichen Aufwand die gleiche oder sogar eine höhere Reichweite wie Unternehmen zu erreichen. Im Internet ist Macht keine Frage der Größe und auch nicht unbedingt eine Frage finanzieller Ressourcen, sondern eine Frage der Verbreitung und der spezifischen Kenntnis der Funktionsweisen dieses Mediums. Wie wir am Beispiel der angeblichen Herzattacke von Steve Jobs gesehen haben, hat jeder im Internet potenziell die Möglichkeit, Unternehmen, aber auch Institutionen oder Privatpersonen aus einer Laune heraus, aus Böswilligkeit oder falschem Eifer erheblichen Schaden zuzufügen.

5

Dichtung wird Wahrheit – was hat das Internet wirklich verändert?

Zahlreiche Gespräche mit Geschäftsführern und Vorständen bestätigen: Die Reputation eines Unternehmens entscheidet in hohem Maße über den Wert einer Marke. Und selbst große Marken können schnell beschädigt werden, wenn sie beim Reputationsmanagement Fehler machen. Wie entscheidend wichtig die Reputation eines Unternehmens ist und wie rasch sie beschädigt werden kann, zeigt das Beispiel „Brent Spar":

Im Jahr 1995 sah sich der internationale Konzern Shell binnen weniger Tage mit einem Problem konfrontiert, dessen Ausmaße sicherlich keiner der Verantwortlichen bei Beginn der Krise auch nur annähernd erahnt hätte.

Der Reputations-Gau „Brent Spar"

Der Fall „Brent Spar" steht heute für die größte Reputations-Herausforderung in der Geschichte des Öl-Multis. Die Brent Spar war keine Förderplattform, wie oft geschrieben wurde, sondern vielmehr ein riesiger schwimmender Tank, den der Ölkonzern Shell in der Nordsee rund 190 Kilometer nordöstlich der britischen

Shetlandinseln im Atlantik verankert hatte. Sie diente in den Jahren 1976 bis 1991 als Zwischenlager für Rohöl, das aus dem „Brent"-Ölfeld gefördert wurde. Tankschiffe sammelten hier das Rohöl ein und transportierten es zu den Raffinerien auf dem Festland. Die „Brent Spar" hatte eine Höhe von 140 Metern, einen Durchmesser von 30 Metern, wog 14.500 Tonnen und wurde überflüssig, als neue Pipelines das Rohöl direkt zum Ölterminal Sullom Voe transportieren konnten. Im Jahr 1995 traf der Shell-Konzern die Entscheidung, die – vergleichsweise kleine – „Brent Spar" zu entsorgen und sie in einem Tiefseegraben westlich von Irland, dem Rockall-Trog, zu versenken.

An diesem Punkt jedoch schaltete sich die Umweltschutzorganisation Greenpeace ein: Förderplattformen wie die „Brent Spar" gab es seinerzeit im Atlantik sowie in der Nord- und Ostsee ein paar hundert – und Greenpeace war der Ansicht, dass Industrieschrott umweltfreundlich entsorgt und nicht einfach irgendwo in den Weiten des Meeres versenkt werden sollte. Greenpeace befürchtete, die „Brent Spar" könnte zum Präzedenzfall werden und damit die Versenkung weiterer überflüssiger Tank- und Förderplattformen auslösen.

Am 30. April 1995 – keine drei Monate nachdem Shell angekündigt hatte, die „Brent Spar" zu versenken – enterten zwölf Greenpeace-Aktivisten die Tankplattform und besetzten diese. Zeitgleich erklärte Greenpeace unter Berufung auf Shell UK, dass die Plattform rund 100 Tonnen schwermetallhaltige Ölschlämme sowie runde 30 Tonnen schwach radioaktive Salzablagerungen enthalte.

Am 12. Mai 1995 wurde den Besetzern der „Brent Spar" per Hubschrauber eine einstweilige Verfügung zugestellt, die sie zum sofortigen Verlassen der Plattform aufforderte. Zeitgleich begann Greenpeace Deutschland damit, an Shell-Tankstellen Flugblätter zu verteilen, auf denen die Autofahrer auf die Aktion und ihre Hintergründe aufmerksam gemacht wurden.

Nachdem am 22. Mai 1995 der Versuch, ein Räumkommando per Kran auf die „Brent Spar" zu bringen, am schlechten Wetter scheiterte, enterten am frühen Morgen des 23. Mai 15 Shell-Mitarbeiter und sechs Polizisten die Plattform und räumten sie. Zeitgleich sprach sich die damalige Umweltministerin Angela Merkel öffentlich gegen eine Versenkung der Plattform aus.

Eine weitere Besetzung der „Brent Spar" Anfang Juni des Jahres wurde zwar abermals rasch beendet, doch auf dem Festland lief die PR-Aktion gegen den Shell-Konzern unvermindert weiter – und fand immer mehr Unterstützer und Sympathisanten auch in anderen europäischen Ländern, allen voran die Nordsee-Anrainer Niederlande und Dänemark.

Die Umsätze der deutschen Shell-Tankstellen, die einen Marktanteil von 13 Prozent hielten, brachen um die Hälfte ein. Am 20. Juni 1995 gab der Shell-Konzern schließlich nach und gab bekannt, die „Brent Spar" nicht versenken, sondern an Land und umweltfreundlich entsorgen zu wollen. Nahezu zeitgleich startete Shell eine Kampagne mit dem Motto „Wir werden uns ändern".

Ein voller Erfolg für Greenpeace? Nur eingeschränkt, denn am 4. September 1995 sah sich Großbritanniens Greenpeace-Direktor Peter Melchett gezwungen, eine schriftliche Entschuldigung an den britischen Shell-Vorstandschef Chris Fay zu schicken: Zwischenzeitlich (Mitte Juni) hatte Greenpeace nämlich behauptet, auf der „Brent Spar" hätten sich noch 5.500 Tonnen Rohöl befunden. Diese Behauptung erwies sich im Nachhinein als falsch. Man hatte Messergebnisse falsch bewertet und ungeprüft veröffentlicht. Immerhin: Aufgrund der späten Veröffentlichung hätten diese Aussagen wohl kaum eine Auswirkung auf die längst laufende Kampagne gehabt. Tatsächlich kamen Umweltexperten schon bald zu der Ansicht, der bei einer Versenkung der „Brent Spar" entstandene Umweltschaden wäre minimal gewesen.

Späte Genugtuung für den Shell-Konzern? Ebenfalls Fehlanzeige: Greenpeace verbucht die Aktion „Brent Spar" bis heute auf der Erfolgsseite. Nicht ohne gute Gründe, denn im Juli 1998 beschlossen die 15 Teilnehmerstaaten der Oslo-Paris-Kommission (OSPAR) zum Schutz des Nordost-Atlantik ein Versenkungsverbot für Ölplattformen.

Nebenbei erwähnt: Bereits im August 1995 erklärte der deutsche Shell-Vorstandschef Peter Duncan, beim „Brent Spar"-Konflikt habe es sich in erster Linie um ein Kommunikationsproblem gehandelt.

Gerade diese Kommunikationsprobleme sind oftmals der Auslöser für das, was man im Falle nachweislich falscher und ungerechtfertigter Anschuldigungen mindestens von einer der beiden Seiten als „Rufmord" bezeichnen könnte. In dem Augenblick nämlich, in dem hochgradig emotionalisierte und idealisierte Inhalte auf wirtschaftliche Argumente treffen, sind letztere medial deutlich im Nachteil. Der Fokus auf die Brisanz und die möglichen dramatischen Auswirkungen einer ökologischen Katastrophe erzeugen ein Vielfaches der medialen Resonanz, die ein betont sachlicher Umgang mit derselben Thematik erreicht. Da dies erst einmal völlig unabhängig vom Wahrheitsgehalt der Argumente beider Seiten geschieht, verliert auf dem Höhepunkt der Auseinandersetzung die Partei mit den weniger emotionalisierten Argumenten – meistens das Unternehmen. Dies war und ist die Achillesferse aller großen Marken und Konzerne: Wenn diese Unternehmen völlig unvorbereitet in einen medial aufgeladenen Konflikt gezwungen werden, bei dem der Kontrahent auch noch über die deutlich höhere Reputation verfügt, dann können sie diese Auseinandersetzung nicht gewinnen. Je nach Motiv und Ausdauer des Angreifers ist dies der erste Schritt in Richtung Rufmord.

Alles beim Alten?

Viele der Sachverhalte und Probleme, für die wir heute gern das Internet verantwortlich machen, sind sehr viel älter und kamen eben auch „offline" vor. Das wird am Beispiel der „Brent Spar" sehr deutlich.

Die logische Folgerung liegt auf der Hand: Die Gesellschaft, in der wir alle leben, wird immer mehr zur Informationsgesellschaft – erst recht seit Entstehung des Internets und seitdem es unser Leben in immer stärkerem Maße bestimmt. In der Tat hat es das Internet Einzelpersonen, Institutionen und Unternehmen augenscheinlich nicht gerade leichter gemacht, ihre jeweilige Reputation zu kontrollieren oder sogar zu gestalten. Dennoch sind weder die Probleme neu, noch die Versuche, sie in den Griff zu bekommen.

Der Grund dafür liegt auf der Hand: Die grundlegenden Mechanismen sind stets dieselben und haben sich in Jahrhunderten nicht geändert. Auch in den klassischen Medien wie Fernsehen, Radio oder Zeitungen war Reputation für Menschen und Institutionen von zentraler Bedeutung. Selbst in den traditionellen sozialen Strukturen gab es Netzwerke, in denen Informationen verbreitet und bewertet wurden.

Stellen wir uns ein Dorf oder eine Kleinstadt vor 100 oder 200 Jahren vor: Natürlich gab es hier Informationen, die zunächst als Gerücht von Mund zu Ohr verbreitet wurden – positive wie negative: Welcher Metzger verkauft die beste Wurst? Welcher Kaufmann steckt gerade in Zahlungsschwierigkeiten? Wer geht mit wem fremd? – oder was es sonst an spannenden Nachrichten aus dem Dorfleben zu berichten gibt.

Die Verbreitung solcher Gerüchte folgte dabei stets bestimmten Regeln: Zunächst einmal muss eine Information interessant genug sein, um überhaupt weitergegeben zu werden. Dieses Kriterium erfüllen bevorzugt schlechte oder negative Nachrichten: Wenn der Händler stets das korrekte Wechselgeld herausgibt, interessiert das niemanden. Wenn beim Nachzählen des Wechselgeldes aber regelmäßig ein Groschen fehlt, wird das gern verbreitet – selbst wenn es sich dabei vielleicht nur um zwei oder drei unglückliche Zufälle gehandelt haben könnte. Dies führt letztlich auch dazu, dass sich der ehrliche Autohändler deutlich mehr anstrengen muss, um dieselbe Bekanntheit zu erlangen wie derjenige, der den Kilometerstand seiner Wagen manipuliert. Dies kann wiederum zur Folge haben, dass der unredliche Autohändler aufgrund seines Bekanntheitsgrades fast so etwas wie einen Kultstatus erreicht – über ihn wird eben gesprochen ...

Zudem muss eine Information aus der richtigen Quelle stammen – wie Sie selbst an jedem Stammtisch oder in jedem Sportverein beobachten können: Da finden Sie immer wieder Zeitgenossen, die jede Menge interessante Geschichten zu berichten haben und dies – sofern sie es einigermaßen amüsant zuwege bringen – auch gern immer wieder dürfen. Dennoch fiele es keinem Vereinskameraden oder Stammtischbruder ein, diese Geschichten als Gerücht weiterzugeben. Andere Zeitgenossen hingegen brauchen nur einige kryptische Andeutungen vor sich hin zu murmeln – und schon weiß das ganze Dorf Bescheid.

Nicht minder wichtig sind die Multiplikatoren, die die Schnittstelle zwischen verschiedenen Dörfern oder Gruppen bilden: Sie müssen auch im Nachbardorf als zuverlässige Quelle anerkannt sein. Darüber hinaus muss sich aber auch die verbreitete Information als hinreichend relevant erweisen: Wenn Sie in München leben, dürfte es Ihnen vergleichsweise egal sein, wo Sie in Düsseldorf die besten Autos bekommen. Wenn Sie aber hören, dass der Schmied im Nachbardorf schon seit einiger Zeit so einen merkwürdigen Husten hat, der womöglich noch von anderen seltsamen Symptomen begleitet wird, dürften Sie das schon für deutlich relevanter halten.

Ein Gerücht, das sich räumlich verbreiten will, muss also schon einiges mitbringen: Es muss von glaubwürdigen Multiplikatoren weitergetragen werden und es muss oberhalb der „Relevanzschwelle" liegen. Die Überwindung dieser Relevanzschwelle ist zu einem wesentlichen Teil davon abhängig, wie viele Menschen ein Gerücht tragen und – auch das ist von hoher Bedeutung – wie groß die interessierte Zielgruppe ist. Erfüllt ein Gerücht diese beiden Bedingungen, winkt ihm allerdings auch ein hoher Lohn: Das Gerücht kann zur Nachricht geadelt werden.

Nichts bleibt, wie es war

Bleibt also alles beim Alten? Ist das Internet lediglich ein weiterer Kanal, über den sich Gerüchte verbreiten und – vielleicht – irgendwann einmal zu einer Nachricht mutieren werden? Obwohl die grundlegenden Regeln und Mechanismen, nach denen Informationen im Netz verbreitet werden, dieselben sind, die sich seit Jahrhunderten in der Dorfgemeinschaft etabliert haben, bringt das Internet doch einige neue Elemente mit, aus denen sich neue und grundlegend andere Regeln und Gesetzmäßigkeiten entwickelt haben.

Das augenfälligste Element, mit dem das Internet unsere Kommunikations- und Informationsgewohnheiten verändert, ist zweifellos seine Geschwindigkeit: Nachrichten, die direkt von Menschen verbreitet werden, reisen nicht schneller als die Menschen selbst. Ob diese Nachrichten nun auf Pferdekarren fortgetragen werden oder per Telefon oder Telefax durch die Welt eilen, sind sie doch immer noch ungleich langsamer unterwegs als digitale Nachrichten und Gerüchte im Web.

Ein Mausklick auf die „Forward"-Schaltfläche meines Mail-Programms, zwei oder drei weitere Klicks, um den Adressaten oder gar den Verteiler auszuwählen, und schon ist die Nachricht eine Station weiter. Dieser Vorgang dürfte selten länger als eine Minute dauern. Alternativ kopieren wir den Inhalt einer E-Mail, eines Online-Artikels, eines Blog-Beitrags mit wenigen Klicks in unser Blog und posten den neuen Beitrag in Sekundenschnelle. Oder wir schicken die Internet-Adresse per Twitter oder RSS-Feed ins digitale Global Village. Ganz egal, wie Sie eine Nachricht online weitergeben, der Aufwand ist stets minimal.

Der Adenauer-Effekt

Wenn Sie ein soeben gehörtes Gerücht etwa per Telefon weitergeben wollen, dauert das schon ein bisschen länger: Wählen, abwarten ... besetzt? ... Noch mal wählen, abwarten – Glück gehabt, die Leitung ist frei. Und dann erst beginnt der eigentliche Prozess der Weitergabe von Gerüchten, Informationen oder Nachrichten.

Konrad Adenauer genoss in seiner Amtszeit als Bundeskanzler noch den Luxus, mit Gerüchten, ja sogar Skandalen ungleich gelassener umgehen zu können: „Nächste Woche wird wieder eine neue Sau durchs Dorf getrieben", soll er gesagt haben. Er konnte das sagen, denn allein der hohe Aufwand, der mit der Weitergabe von Informationen verbunden war, sorgte zuverlässig dafür, dass sich jedes Gerücht früher oder später einmal totlief.

Anders im Internet: Allein auf Twitter generieren User jeden Monat 4,5 Milliarden Nachrichten (Tweets) – das sind etwa 1800 Nachrichten in der Sekunde. Informationen verbreiten sich mit Angst einflößender Geschwindigkeit, sie werden weitergegeben, sie werden zitiert, gepostet, getwittert und werden abermals zitiert. Dabei werden sie zwangsläufig auch von den Suchmaschinen erfasst und erlangen damit gewissermaßen einen Ewigkeits-Status. Denn was erst einmal im Index von Google und Co. – dem Langzeitgedächtnis des Web – gelandet ist, lässt sich auch Monate und Jahre später noch abrufen. Die Halbwertszeit einer Information geht damit gegen „unendlich", um es mathematisch auszudrücken.

Resonanz-Effekte

Doch nicht nur die Geschwindigkeit des Internets garantiert die Effizienz des Mediums, es ist auch seine Zielgenauigkeit: Wie wir gesehen haben, war es für die Verbreitung eines Gerücht in der „alten Welt" nicht zuletzt auch erforderlich, dass es auf interessierte Ohren traf: Wer jemandem ohne Führerschein erzählt, dass Automobilhersteller X die besten Sportwagen baut oder Automobilhersteller Y aufgrund defekter Bremssysteme wieder einmal eine Rückrufaktion gestartet hat, darf sich nicht wundern, wenn seine Mitteilung auf taube Ohren stößt und damit das Gerücht prompt an einem toten Punkt angelangt ist.

Ganz anders im Internet: Hier lassen sich interessierte Mitmenschen unmittelbar und zielgenau finden – was schließlich sogar zu verstärkenden Resonanzeffekten führt. Wer ein Auto einer bestimmten Marke fährt und plötzlich Probleme mit der Bremse hat, wird im Freundes- oder Kollegenkreis womöglich nur eine geringe Zahl von Personen finden, die sich für diese Probleme interessieren, denn die meisten fahren Autos anderer Marken oder vielleicht einen anderen Typ desselben Herstellers.

Das Internet hingegen bietet die Möglichkeit, unmittelbar eine große Anzahl von Mitmenschen zu erreichen, die dieselbe Marke, denselben Typ und sogar dasselbe Baujahr fahren und sich folglich brennend für Probleme interessieren, die sich etwa mit den Bremsen dieses Fahrzeugs ergeben können. Vielleicht haben sie dieselben Probleme sogar schon selbst erlebt und fühlen sich durch die ursprüngliche Nachricht ermutigt, nun auch ihre Erfahrungen weiterzugeben, denn jetzt haben sie zumindest einen ersten Hinweis darauf, dass diese Probleme womöglich doch nicht – wie von der Vertragswerkstatt behauptet – auf ihren persönlichen Umgang mit dem Fahrzeug zurückzuführen sind. So kann es leicht passieren, dass plötzlich eine kritische Masse von betroffenen Konsumenten zustande kommt, die eine vage Information, ein Gerücht zu einer Nachricht adelt. Auch hier leisten nicht zuletzt die Suchmaschinen ihren Beitrag, denn je öfter eine Nachricht im Web auftaucht, desto höher stufen diese deren Relevanz ein.

Anonymität fördert Gerüchte

Nicht minder wichtig als Geschwindigkeit und Zielgenauigkeit des Internet ist eine weitere Eigenschaft des World Wide Web: seine Anonymität.

Wie wir gesehen haben, war es für die Weitergabe von Informationen in der „Offline-Welt" von essenzieller Bedeutung, dass jedes Gerücht einer Quelle zuzuordnen war: „Jede Nachricht ist nur so gut wie ihre Quelle" lautet der Merksatz, den Journalisten meist schon am ersten Tag ihres Volontariats eingebläut bekommen. Im Dorf oder im Verein ist es ein ganz natürlicher Vorgang, dass man ein Gerücht an der Person ihres Übermittlers misst, ehe man es weitergibt. Den kennen wir schließlich persönlich und können insofern leicht unterscheiden, ob er (oder sie) sich lediglich mit erfundenen Geschichten ins rechte Licht rücken will – oder ob vielleicht doch etwas an der Geschichte „dran sein" könnte. Dies gilt für die Multiplikatoren ebenso wie für die Meinungsführer.

Im Internet erscheint auf den ersten Blick jede Information gleich: Wir sehen ein paar Zeichen auf unserem Monitor. Mehr nicht. Als Urheber dieser Zeichen können wir nur selten einen Klarnamen ausmachen: Weitaus häufiger haben wir es mit Pseudonymen, Avataren oder gänzlich anonymen Autoren zu tun. Im Internet sehen alle „Stichwortgeber" a priori identisch aus: Ein Blog, ein Beitrag in einem Forum, eine Leserzuschrift einer digitalen Publikation, ein Eintrag auf einer Bewertungsseite – wo ist der Unterschied? Eine Identifikation der dahinterstehenden Person und ihrer Motive ist ohne technische Hilfsmittel oftmals nicht möglich. Alle Gerüchte, alle Informationen, jeder Klatsch sind im ersten Moment gleich viel – oder wenig – wert.

Dass auch renommierte Online-Medien inzwischen längst dazu übergegangen sind, zu ihren Artikeln Foren und Kommentarfunktionen zu öffnen, auf denen – meist nur oberflächlich redigiert – jeder Leser seine private Meinung zum Besten geben kann, macht die Sache auch nicht gerade einfacher. Im Gegenteil, denn einer Information, die wir auf *Spiegel Online* oder *Zeit.de* gefunden haben, vertraut man ohne größere Überprüfung. Selbst wenn diese Information aus einem Forum und eben nicht aus dem redaktionellen Teil der renommierten Plattformen stammt, sind wir beim oberflächlichen Blick auf die Beschreibungen in den Suchergebnisse eher bereit, Informationen, deren URL eine Endung dieser Seiten aufweist, zu glauben.

Was bleibt uns also, um den Wert und den Wahrheitsgehalt einer Online-Nachricht zu beurteilen? Abgesehen von unseren persönlichen Erfahrungen mit dem Urheber der Nachricht, also dem Redakteur oder Blogger, der sie geschrieben hat, bleibt nicht sonderlich viel. Vielleicht ist es das, was Goethe in Faust I den Mephisto sagen lässt:

Ja, gute Frau, durch zweier Zeugen Mund
Wird allerwegs die Wahrheit kund.

Online-Nachrichten erlangen ihre Glaubwürdigkeit also bestenfalls dadurch, dass sie in einer gewissen Häufung auftauchen. Doch auch dieses Kriterium schafft in der Online-Welt nur bedingt „Wahrheit". Wie wir am Anfang dieses Buches von Bruno Leicht erfahren haben, ist es nicht besonders kompliziert, sich im Internet gleich Hunderte unterschiedliche Identitäten zuzulegen: Auch hier bleibt der erforderliche Aufwand auf ein paar Mausklicks beschränkt.

Der Streisand-Effekt

Schließlich müssen wir konzedieren, dass das Internet bisweilen auch wie ein Bumerang funktioniert. Hier ist Barbra Streisand unsere Kronzeugin, denn sie stand Pate für den in der Kommunikationswissenschaft längst etablierten Begriff des „Streisand-Effektes":

Im Jahr 2003 veröffentlichten der Fotograf Kenneth Adelman und die Website Pictopia.com 2003 eine Sammlung von 12.000 Fotos der kalifornischen Küstenlinie. Ziel der Aktion war es laut Adelman, für das California Coastal Records Project die Erosion der Küste zu dokumentieren. Unter diesen 12.000 Bildern befand sich auch eine Luftaufnahme des Domizils von Barbra Streisand, was diese dazu veranlasste, Adelman deswegen auf 50 Millionen US-Dollar zu verklagen.

Damit kam gleich eine Reihe von Faktoren zusammen, die ein Gerücht fast unmittelbar zur Nachricht adeln: Allein ein Streitwert von 50 Millionen Dollar verbürgt schon einen hohen Nachrichtenwert. Zudem tat die weltweite Bekanntheit von Streisand ein Übriges, dass die Information die Relevanzschwelle leicht überwinden konnte. Nachdem Barbra Streisand persönlich dafür gesorgt hatte, dass die Verbindung zwischen ihr und dem Foto irgendeines Gebäudes in Adelmans Sammlung publik wurde, verbreitete sich die Information in Rekordzeit und wurde nahezu unmittelbar zur Nachricht: Binnen eines Monats besuchten über 420.000 Menschen die Seite des California Coastal Records Project – mutmaßlich, um Streisands Grundbesitz zu begutachten.

Seither beschreibt der Begriff „Streisand-Effekt" den Umstand, dass durch den Versuch, eine Information zu unterdrücken, auch das genaue Gegenteil erreicht werden kann, dass nämlich diese Information in kürzester Zeit der maximalen Anzahl von Menschen bekannt wird. – Die mit diesem Effekt verbundenen Risiken sollte jeder, der mit einem Rufmordangriff im Internet konfrontiert wird, bei der Wahl der Mittel unbedingt ins Kalkül ziehen.

Schneller, höher, weiter

Lange schon ist Barbra Streisand mit dieser Erfahrung nicht mehr allein. Ähnliche Erfahrungen musste der Linkspartei-Politiker Lutz Heilmann machen, der sich gegen einen Eintrag im Online-Lexikon „Wikipedia" wehren wollte, in dem erwähnt wurde, dass er in der Vergangenheit als Personenschützer für das Ministerium für Staatssicherheit der DDR gearbeitet hatte – seine offizielle Biografie wies diese Zeit als „Wehrdienst" aus. Per Einstweiliger Verfügung ließ Heilmann am 13. November 2008 die deutsche Wikipedia-Seite *wikipedia.de* sperren. Tatsächlich blieb wikipedia.de für fast drei Tage gesperrt. Der damit erreichte Effekt allerdings war wohl nicht in Heilmanns Sinn: Durch die Sperrung einer der populärsten Internet-Seiten wurden sein Fall und dessen Vorgeschichte im Handumdrehen zum bundesweit diskutierten Politikum. Sogar seine eigene Partei distanzierte sich von ihm.

Wikipedia blieb trotz der Sperrung von wikipedia.de weiter erreichbar: Es genügte wikipedia.org einzugeben und auf der US-amerikanischen Startseite die deutsche Version anzuklicken. Gleichzeitig verbuchte der deutsche Trägerverein von Wikipedia – Wikimedia Deutschland e.V. – ein Spendenvolumen von rund 32.000 Euro, mehr als das Fünffache des normalen Spendenaufkommens.[47]

Die Mechanismen der Meinungsbildung, die bei der Entstehung von Rufmord im Internet eine wichtige Rolle spielen, bleiben die gleichen: Stets beginnt es mit einem nahezu beliebigen Ereignis, das als Information kommuniziert wird, also einem Empfänger zugetragen wird. Die Wahrscheinlichkeit, dass eben diese Information unter einer Vielzahl anderer Informationen auch wahrgenommen wird, ist deutlich höher, wenn diese eine eher negative Konnotation hat und so die Relevanzschwelle überschreitet. Ist dies geschehen, wird der Empfänger selbst zum Sender, also zum Multiplikator, und gibt die Information weiter. Dies allerdings oftmals nicht, ohne sie zuvor selbst interpretiert und bewertet zu haben.

Im konkreten Fall bestand das Ereignis zunächst nur darin, dass plötzlich eine Verbindung zwischen Barbra Streisand und dem Foto eines Gebäudes an der kalifornischen Küste bestand. Die Popularität von Streisand, gepaart mit dem hohen Streitwert, machte dieses Ereignis so relevant, dass es weitergetragen wurde und sich schließlich nach dem Schneeballsystem fortpflanzte – immer wieder genährt durch die eigene Interpretation und Bewertung der Multiplikatoren.

In kürzester Zeit stellten sich die Reaktionen der Web-Community ein und das Gerücht wurde zur Nachricht, die aufgegriffen und noch weiter verbreitet wurde. Hier hatten die traditionellen Medien zwar einen zweifellos hohen Anteil an der Verbreitung der Information, doch erst die Suchmaschinen im Internet machten den Link auf das ursprüngliche Foto zugänglich beziehungsweise „klickbar", so dass die Nachricht schließlich zu groß war, um von Streisand überhaupt noch beherrscht werden zu können.

Web 2.0 – ein neues Internet?

Spätestens hier ist es an der Zeit, einige Gedanken auf das Web 2.0 oder das Social Web zu verwenden. Der Begriff „Web 2.0" wurde 2004 von Tim O'Reilly geprägt[48] und beschreibt die veränderte Wahrnehmung und Nutzung des Internets als Plattform in Form von Blogs, sozialen Netzwerken, Tweets und ähnlichen Möglichkeiten. Auch wenn dieser Begriff längst nicht unumstritten ist, wurde er doch rasch sowohl von den klassischen Medien als auch der Internet-Community aufgegriffen und akzeptiert.

Das sogenannte Web 2.0 unterscheidet sich von seiner Vorversion (also Web 1.0) dadurch, dass hier die Bereitstellung von Inhalten dezentralisiert ist und eine neue Architektur des Mitwirkens bietet. Gab es im Web 1.0 nur wenige

Sender, aber viele Empfänger, ermöglichen die Plattformen und die Tools des Web 2.0 theoretisch beliebig vielen Nutzern, ihre Inhalte im Netz zu veröffentlichen: Allein auf der Plattform Facebook dürften derzeit weltweit rund 25 Prozent aller Internet-Nutzer aktiv sein, diese veröffentlichen wiederum etwa 30 Milliarden Beiträge – jeden Monat. Der soziale Charakter und die interaktive Nutzung des Web 2.0 wiegen deutlich schwerer als irgendwelche technischen Neuerungen. Deshalb nutzen wir lieber den Begriff „Social Web".[49]

Das Social Web unterscheidet sich von den traditionellen Massenmedien vor allem darin, dass Nutzerinnen und Nutzer hier selbst Inhalte erstellen und anbieten können – man spricht von „user-generated content". So verschwimmen im Social Web die Grenzen zwischen den Anbietern und den Nutzern von Medienangeboten. Ebenso verwischen die Anwendungen des Social Web die traditionellen Grenzen zwischen interpersonaler Kommunikation einerseits und der massenmedialen Kommunikation andererseits.

Die Anwendungen des Social Web – als bekannteste Beispiele mögen hier Facebook, Twitter oder in Deutschland auch Xing dienen – werden in aller Regel als „Social Media" oder soziale Plattformen bezeichnet. Hier eine aktuelle Definition: „Social Media sind eine Vielfalt digitaler Medien und Technologien, die es Nutzern ermöglichen, sich untereinander auszutauschen und mediale Inhalte einzeln oder in Gemeinschaft zu gestalten. Die Interaktion umfasst den gegenseitigen Austausch von Informationen, Meinungen, Eindrücken und Erfahrungen sowie das Mitwirken an der Erstellung von Inhalten. Die Nutzer nehmen durch Kommentare, Bewertungen und Empfehlungen aktiv auf die Inhalte Bezug und bauen auf diese Weise eine soziale Beziehung auf. Die Grenze zwischen Produzent und Konsument verschwimmt."[50]

Passgenaue Kommunikation

Was aber bedeutet das für die Praxis? Für eine Praxis, in der Individuen, Institutionen und Unternehmen einen bemerkenswerten Aufwand treiben, um mit den Mitteln des Internets und insbesondere des Social Web eine möglichst positive Reputation zu erlangen?

Die gute Nachricht zuerst: Das Social Web adressiert niemals eine Öffentlichkeit als Ganzes. Stattdessen entstehen im Netz Teil-Öffentlichkeiten, die sich in der Regel sehr spezifisch konstituieren. Dies ist gerade für Unternehmen von hoher Bedeutung, denn ihnen eröffnet sich hier die Möglichkeit, einmal definierte Zielgruppen passgenau zu adressieren.

Wer italienische Kleinwagen im Angebot hat, darf sich keine Hoffnung machen, die potenziellen Käufer eines deutschen Oberklasse-Automobils für sein Produkt begeistern zu können. Marketing-Kommunikation, die auf die herkömmlichen Medien setzt, muss stets mit dem sogenannten „Streuverlust" rechnen: Wenn nur einer von zehn Lesern der Zeitschrift, in der ich mein Produkt bewerbe, als Käufer für mein Produkt infrage kommt, sind 90 Prozent meiner Werbe-Ausgaben verloren. Das Social Web dagegen eröffnet die Chance, diesen Streuverlust zu minimieren. Hier kann ein Unternehmen genau die Anwender erreichen, die als mögliche Käufer seines Produktes oder als Abnehmer einer bestimmten Dienstleistung in Betracht kommen. Diese Anwender bilden sich innerhalb der spezifischen Teil-Öffentlichkeit eine Meinung zu einem Thema, einer Person – oder eben einem Produkt.

Neue Spielregeln

Damit sind wir auch schon bei der weniger guten Nachricht: Im Social Web gilt die Unterscheidung der klassischen Kommunikationsmodelle, die stets sauber zwischen „Sender" und „Empfänger" trennen, nicht mehr. Im Social Web werden die Rezipienten selbst zum Medium. Damit greifen die klassischen Kommunikationsmodelle nicht mehr: Für die Öffentlichkeitsarbeit gelten plötzlich neue Regeln, und die herkömmliche Medienlandschaft samt ihren erprobten Mechanismen wird weitgehend ausgeschaltet.

In dieser herkömmlichen Medienlandschaft gab und gibt es nämlich eine seit Urzeiten geübte Kommunikationshierarchie, die allen Beteiligten eine gewisse Kontrolle über die öffentliche Kommunikation vermittelt – oder zumindest das Gefühl von Kontrolle.

Die klassische Öffentlichkeitsarbeit beruht darauf, dass sie eine überschaubare Anzahl von Multiplikatoren anspricht: die Redakteure und Mitarbeiter von Fach- und Publikumsmedien. Diese wurden und werden von den PR-Leuten eines Unternehmens mit meist privilegierten Informationen (also etwa Informationen zu neuen Produktentwicklungen) versorgt. Damit verbindet sich stets die Hoffnung, dass diese handverlesenen Multiplikatoren die übermittelten Informationen in die Öffentlichkeit tragen.

Gleichzeitig stellt aber auch die Zielgruppe einige Ansprüche: Nutzer setzen voraus, dass der Journalist oder Redakteur die Hersteller-Information auf ihren Wahrheitsgehalt überprüft. Deswegen gibt es Fahrberichte, Praxistests und ausführliche Analysen. Diese sorgen nicht zuletzt dafür, dass der Multiplikator von der Zielgruppe als Vertrauensperson angenommen wird, deren Empfehlungen man Glauben schenkt.

Kaum anders funktionieren die Regeln der politischen Kommunikation. Auch hier sprechen die PR-Stäbe von Ministern, hochrangigen Partei-Politikern etc. eine überschaubare Zahl von Multiplikatoren an – wie politische Redakteure und Korrespondenten der relevanten Leitmedien –, versorgen diese mit privilegierten Informationen (etwa im Rahmen von „Kamingesprächen") und hoffen darauf, dass die Informationen in ihrem Sinne weitergegeben werden. In diesem Zusammenhang ist die politische Ausrichtung des jeweiligen Leitmediums von großer Bedeutung: *Der Spiegel* reagiert auf Informationen bekanntlich anders als die *Welt*, die *Süddeutsche Zeitung* hat Präferenzen, die von der *Frankfurter Allgemeinen Zeitung* nicht immer geteilt werden. Dies ist gleichzeitig auch ein wesentlicher Bestandteil des Kalküls der jeweiligen PR-Stäbe, und so ist es kein Wunder, dass bestimmte Medien von bestimmten Politikern regelmäßig bevorzugt informiert werden.

Die politische Ausrichtung des Mediums ist an dieser Stelle natürlich nicht ganz unabhängig von den politischen Präferenzen seiner Leser. Wer „liberal, im Zweifelsfall links" (Rudolf Augstein) denkt, der kauft den *Spiegel* und lässt beispielsweise die *taz* links liegen. Hier kommt schließlich auch die Glaubwürdigkeit – also die Reputation – des jeweiligen Mediums zum Tragen: In der politischen Kommunikation glauben die Leser „ihrem" Blatt.

Ähnlich funktioniert dies in den Fachmedien, deren wichtigste Funktion das Weitertragen von Produkt-Informationen ist: Auch hier ist der Leser eher geneigt, einer redaktionellen Notiz zu glauben als einer Anzeige; auch hier hängt die Glaubwürdigkeit einer Nachricht im Wesentlichen von der Reputation des Mediums ab.

Wollte man an dieser Stelle ein Fazit ziehen, müsste dies wohl lauten, dass in der klassischen Politik- oder Unternehmenskommunikation die Glaubwürdigkeit einer Nachricht oftmals eher vom Medium als von der eigentlichen Quelle der zugrundeliegenden Information abhängt. Daraus könnte man nun schließen, dass die Öffentlichkeits-Arbeiter oder PR-Stäbe diese Glaubwürdigkeit teilweise an die jeweils zuständigen Fach- oder Publikumsmedien „delegierten".

Die Angst vor Kontrollverlust

Im Social Web verlieren wir diese Kontrolle, die die herkömmlichen hierarchischen Strukturen boten oder zumindest suggerierten, was mit einen Machtverlust der klassischen Kommunikatoren einhergeht. Mit dem Social Web entstehen neue Öffentlichkeiten mit neuen Strukturen, neuen Informationsgewohnheiten und einer eigenen Sprache. An die Stelle der klassischen Zielgruppen treten neue Netzwerke, die nach ihren eigenen Regeln funktionieren. Die Verbreitung von Informationen erfolgt nicht mehr hierarchisch, sondern „viral".

Damit wird deutlich, welche Herausforderungen das Social Web an die Unternehmenskommunikation stellt:

- Die Beschleunigung der Kommunikation erfordert angepasste interne und externe Kommunikationsstrukturen.
- Die neuen Teilöffentlichkeiten und ihre Medien müssen innerhalb der Kommunikationsstrategie separat berücksichtigt werden.
- Das Spektrum der Kommunikationsinstrumente wird intern wie extern spürbar vergrößert.
- Das Kommunikationsmanagement funktioniert nur noch interdisziplinär und erhält neue Verantwortungen: Es muss ganzheitlich effiziente Organisationsstrukturen mit kurzen Abstimmungswegen implementieren. Die strategische Planung und Ausrichtung müssen neu fokussiert, die Schwerpunkte der Budget-Planung neu definiert, neue Methoden für Monitoring und Erfolgsmessung etabliert und schließlich neue Wege der Dialogorientierung und Transparenz erprobt werden.

Gleichzeitig darf an dieser Stelle nicht unterschlagen werden, dass die Kommunikationsstrukturen des Social Web keinesfalls hierarchiefrei sind. Zwar werden herkömmliche Hierarchien in Frage gestellt, diese aber nicht abschafft, sondern durch neue ersetzt, wie etwa das Blog „TechCrunch" zeigt: Es genießt weltweit eine hohe Reputation und gilt längst als zitierfähig – nicht zuletzt weil es sich konsequent auf seine Kompetenzen in digitaler Technik konzentriert.

Andererseits litt in diesem Kontext oftmals die Reputation klassischer Fachmedien. Auch dies ist eine Entwicklung, an der das Internet nicht ganz unschuldig ist, denn schon in der ersten Welle der globalen Vernetzung stellten nicht nur Werbekunden fest, dass sie ihre Zielgruppen im Internet deutlich spezifischer adressieren konnten. Schon früh verschob sich deshalb der Anzeigenmarkt in die digitale Welt: Allen voran wechselten die überregionalen Stellenanzeigen von den herkömmlichen Print-Medien in Online-Portale, wo Anzeigen nicht einmalig – etwa in der Samstags-Ausgabe der *FAZ* – erschienen, sondern ohne nennenswerte Zusatzkosten so lange im Netz blieben, bis die Stelle besetzt war. Da die Adressaten gerade dieser Anzeigen schon früh über einen Internet-Zugang verfügten, funktionierte der Wechsel reibungslos.

Inzwischen ist Online-Werbung in nahezu allen Branchen ein wesentlicher Bestandteil des Media-Mix, was schließlich zu Lasten der herkömmlichen Medien – und hier insbesondere der redaktionellen Budgets – geht: Wo zuvor Redakteure durchaus in der Lage waren, einen Produkttest selbst durchzuführen oder ihn an einen kompetenten freien Mitarbeiter herauszugeben, fehlen dafür heute oft die Mittel oder das Personal. Eine geschrumpfte Zahl von internen wie externen Mitarbeitern sieht sich gezwungen, eine gleich große (wenn nicht durch den Wegfall von Anzeigen gar gestiegene) Anzahl von Seiten zu befüllen. Dass darunter leider bisweilen genau jene kritische journalistische Distanz erheblich leidet, auf der die Reputation klassischer Medien fußte, kann mittlerweile kaum noch bestritten werden.

From worst to first

Einen ersten Eindruck von dieser neuen Wirklichkeit der Unternehmenskommunikation und ihren Folgen für den „guten Ruf" eines Unternehmens erhält man, wenn man sich die mittlerweile legendäre Auseinandersetzung zwischen dem Blogger Jeff Jarvis und dem Computerbauer Dell ansieht. Jarvis, ein US-amerikanischer Journalist, der mit seinem Blog „BuzzMachine" (zu Deutsch: Gerüchtemaschine) einen gewissen Kult-Status erworben hat, veröffentlichte am 21. Juni 2005 seine eindeutige Meinung über einen kurz zuvor erworbenen Laptop des Herstellers Dell und dessen Kundenservice. Er machte kein Hehl daraus, dass ihm weder das Gerät noch der Service gefielen: „Dell lügt. Dell nervt. Ich habe gerade einen neuen Dell-Laptop gekauft und ein Vermögen für einen Vier-Jahre-vor-Ort-Service ausgegeben. Die Maschine ist Schrott und der Service eine Lüge [...]"[51]

In den folgenden Tagen dokumentierte Jarvis alle Probleme, die er im Umgang mit dem Produkt und dem Kundenservice des Herstellers gefunden hatte, in seinem Blog: „Ich habe über den Service-Prozess nachgedacht, mit dem Dell uns zwingt, mit ihnen zu leiden. Sie scheinen sadomasochistische Freude dabei zu empfinden, uns ewig am Telefon warten und uns stundenlang mit ihren Leuten reden zu lassen (was, nebenbei gesagt, ihr Geld kostet)."[52]

In kürzester Zeit wurden die von Jarvis übermittelten Informationen von anderen Bloggern übernommen, weiterverbreitet, in einer Vielzahl verschiedener Netzwerke diskutiert und um die – meist negativen – Erfahrungsberichte anderer Dell-Kunden ergänzt. Schon bald griffen auch die klassischen Medien den Fall auf und berichteten von der massenhaften Kritik an Dell.[53]

Jarvis selbst wandte sich in einem offenen Brief an den Dell-Gründer und CEO, Michael Dell, sowie an dessen Chief Marketing Officer, Michael George: „Ich schreibe dies auf einem Apple PowerBook. Ich habe mir darüber hinaus zwei weitere Apples für zu Hause gekauft. Aber Sie haben nicht nur drei mögliche Verkäufe und mich als Kunden verloren. Wenn Sie heute einen Kunden verlieren, verlieren Sie nicht nur diesen Kunden, sie riskieren zudem, den Freund des Kunden ebenso zu verlieren. Dank des Internet, der

Blogs und der Bewertungsseiten haben ihre Kunden Abertausende Freunde in aller Welt."[54] Zugleich forderte er Michael Dell auf, die Kritik aus dem Netz nicht nur ernst zu nehmen, sondern sie auch im Sinne seines Unternehmens zu nutzen: „Suchen Sie (im Internet) nach Dell und hören Sie zu, was über Sie gesagt wird. Verstehen Sie endlich, dass Blogger nicht merkwürdige labernde Tiere sind. Sie sind Konsumenten, Ihr Markt, Ihre Kunden – wenn Sie Glück haben. Es sind einfach nur Leute. Sie geben gewiss eine Menge Geld für Marktforschung aus, um herauszufinden, was die Leute denken. In Blogs sagen sie Ihnen das kostenlos."[55]

Tatsächlich nahm die Firma Dell Jarvis' Kritik und Anregung auf und passte die gesamte Unternehmenskultur den neuen Regeln des Social Web an. Heute gilt Dell als ein Unternehmen, das verstanden hat, mit dem Social Web und seiner Nutzergemeinde umzugehen, zuzuhören und mit ihnen zusammenzuarbeiten. Gleichzeitig nutzt Dell das Social Web nicht nur zur kontinuierlichen Produktpflege, sondern auch als wichtiges Instrument zur Optimierung der Kundenbindung. Was also für manch ein Unternehmen in einem PR-Gau hätte enden können, geriet für Dell zu einem Musterbeispiel, wie man mit kritischen Situationen umgehen kann, die zu einem Reputationsschaden führen können. Dell nutzte gekonnt den Schneeballeffekt aus, mit dem sich Nachrichten im Internet verbreiten.

Über die Social-Web-Anwendungen Twitter, Facebook, MySpace und YouTube tritt Dell heute mit Kunden in Kontakt und hat darüber hinaus auch eigene Online Communities (Direct2Dell und IdeaStorm) ins Leben gerufen. Dort sammelt und diskutiert das Unternehmen die Ideen der Nutzer nicht nur, sondern greift sie auf und nutzt sie für die Produktentwicklung. Nach eigenen Angaben kommuniziert das Unternehmen über diese Kanäle mit 3,5 Millionen Menschen weltweit – und erwirtschaftete über seinen Outlet-Store auf Twitter in nur zwei Jahren einen Umsatz von rund 6,5 Millionen Dollar.[56]

Mal abwarten? ... Besser nicht.

Diese Erfolgsstory der Dell Inc. dürfte zurzeit noch vergleichsweise exklusiv sein. Ermöglicht wurde sie zweifellos dadurch, dass sich das Unternehmen bereits in einem besonders Technik-affinen Segment bewegt und Kunden bedient, die – allein schon weil sie Kunden von Dell sind – über die erforderlichen Mittel verfügen, um an der Kommunikation im Social Web teilzuhaben.

Können wir anderen, die wir vielleicht in Branchen tätig sind, die sich weniger über „Bits and Bytes", als vielmehr über „Bricks and Mortar", also traditionellere Produkte und Dienstleistungen, definieren, uns deshalb entspannt zurücklehnen? Können wir es den Dells dieser Welt überlassen, vorab jene Erfahrungen zu sammeln, die wir dann problemlos in Form von Fallstudien abrufen können, wenn denn ein Reputationsproblem auch unsere Branche erreicht?

Das Internet, das Web 2.0, das Social Web sind Realität – und sie schaffen Realität. Ob sich ein Unternehmen – bewusst oder unbewusst – dazu entschließt, diesen Kanälen fernzubleiben, ist nicht wichtig, denn die öffentliche Meinung bildet sich dort, auch ohne dass wir dazu persönlich anwesend sein müssen.

Wer eine Investition – privat oder beruflich – plant, besorgt sich die erforderlichen Informationen heute online. Zu nahezu jedem auf dem Markt erhältlichen Konsumgut lassen sich mit Leichtigkeit entsprechende Erfahrungsberichte abrufen, mitunter sogar Berichte über Erfahrungen, die sich selbst der Hersteller nie hätte träumen lassen („Wie man in einem ‚Smart' übernachten kann ..."). Doch die Google-Recherche fördert nicht nur Skurriles zutage, sondern auch Produktdetails, die weniger schmeichelhaft sind („Mechanische Geräusche an den Bremsen der ‚A-Klasse'") oder Details, die ein Hersteller nur höchst ungern im Internet publiziert sieht. Wenn also jemand beispielsweise herausgefunden hat, dass die Stoffe für das T-Shirt, das man als Hersteller verkauft, etwa in Drittweltländern von Kindern oder Jugendlichen unter fragwürdigen Bedingungen gefertigt oder weiterverarbeitet werden, hat man als Hersteller innerhalb kürzester Zeit ein enormes Reputationsproblem. Dies gilt unabhängig davon, ob der Hersteller selbst von der Problematik wusste oder aber wiederum über Drittlieferanten in das Problem sozusagen verwickelt ist. Der Reputationsverlust ist ein Schaden, der nicht so schnell repariert werden kann.

Wegsehen ist keine Lösung

All dies geschieht auch ohne jedes Zutun des jeweiligen Unternehmens, das diese Produkte anbietet. Wegschauen ist also keine Lösung und auch die Lösungen des Web 1.0 versagen kläglich: In einem Internet, in dem wenige Anbieter Informationen – „Content" – erzeugten, der von vielen Nutzern konsumiert wurde, mochte es ausreichen, mit einer professionell gestalteten Homepage im Internet präsent zu sein: Die Anwender würden schon unmittelbar den Firmen- oder Produktnamen in die Adresszeile ihres Browsers eingeben, diese vorne mit einem „www." versehen und hinten um ein „.de" ergänzen. Schon gelangten sie auf die Internet-Seite, deren Kontrolle zur Gänze dem jeweiligen Anbieter oblag. Hinzu kam seinerzeit, dass die damals üblichen Suchmaschinen – etwa „Yahoo" – lediglich von Hand erstellte Inhaltsverzeichnisse des Internet waren, das damals deutlich überschaubarer war. Das hatte zur Folge, dass sich Neuigkeiten und auch negative Berichte eher noch in den gewohnten traditionelleren Bahnen bzw. Medien verbreiteten.

All dies funktioniert heute nicht mehr: Wer etwas über ein Produkt, eine Person, eine Institution oder ein Unternehmen wissen will, der gibt das entsprechende Suchwort in eine Suchmaschine – also in aller Regel Google – ein und sieht sich das Ergebnis an. Diese Suchmaschinen funktionieren nach festgelegten Algorithmen. Die Zeiten, in denen ein Yahoo-Mitarbeiter fast automatisch davon ausging, dass ein Unternehmen wohl am ehesten etwas Sinnvolles über seine eigenen Produkte zu sagen hätte und folglich dafür sorgte, dass die Seite des jeweiligen Unternehmens an oberster Stelle der Suchabfrage erwähnt würde, sind lange vorbei.

Heute analysieren Google und Co. genau, wo überall im Web das gefragte Suchwort auftaucht. Außerdem sammeln sie Material darüber, wie die Seiten, auf denen das Suchwort erscheint, frequentiert werden, wie diese Seiten mit wieder anderen Seiten verlinkt sind (was Rückschlüsse auf deren Relevanz erlaubt), und sie prüfen, wie alt der jüngste Eintrag zum aktuellen Suchwort ist – womit auch der Faktor „Aktualität" berücksichtigt wird.

Schlechte Nachrichten sind stets interessanter als gute: Beziehen wir nun noch das Grundprinzip der öffentlichen Meinungsbildung mit ein, so offenbart sich ein beklemmendes Bild: Was nutzt eine vorbildlich gestaltete Firmen-Website, wenn diese bestenfalls dann aktualisiert wird, wenn ein neues Produkt eingeführt wird. Gleichzeitig setzen womöglich ein erboster Kunde oder gar ein unlauterer Konkurrent Himmel und Hölle der virtuellen Welt in Bewegung, um ihrem Ärger Luft zu machen oder aber gezielt die Produkte des Unternehmens zu verunglimpfen! Wenn Hunderte von Blogs, Foren und Kommentarseiten mit zornigen Kommentaren zu einem Produkt oder Unternehmen überschwemmt werden oder sich gar andere Anwender mit ähnlichen Erfahrungen, vielleicht sogar mit ähnlicher Frustration der Meinung anschließen und diese wiederum weiter in andere Communities verpflanzen, ist traditionelles Marketing schnell am Ende. Und mit ihm jegliche Form von Unternehmenskommunikation, wie sie bisher unternommen wurde.

Eine detailliert gestaltete Unternehmens-Webpräsenz nutzt gar nichts, denn die sorgsam formulierten Artikel und Pressemitteilungen verschwinden im Nichts. Natürlich verschwinden sie nicht wirklich, sie werden von den Suchmaschinen, denen die Unterscheidung zwischen positiven und negativen Inhalten ebenso egal ist wie die Unterscheidung zwischen Dichtung und Wahrheit, lediglich nach hinten geschoben, weil es zum Thema aktuellere, öfter gelesene, kurzum: „relevantere" Beiträge im Internet gibt.

Ist die unternehmensgesteuerte, positive PR wegen mangelnder Relevanz erst mal auf die zweite oder dritte Seite der Suchmaschinen-Ergebnisse gerutscht, existiert sie praktisch nicht mehr. Damit gilt ein ganz schlichter Satz: „Google is every brand's homepage." Zu Deutsch ausgedrückt: „Google ist die Homepage jeder Marke." Ganz gleich, wie hoch das Budget ist, das Sie in die Online-Kommunikation Ihres Unternehmens oder Produkts investiert haben: Die letzte Entscheidung über Ihre Reputation liegt bei den anonymen Automaten der Suchmaschinen.

6

Ins Netz gegangen – oder: Die Betroffenen sind leichte Zielscheiben

Wer sich mit dem Risiko, einer Rufmordkampagne im Internet zum Opfer zu fallen, auseinandersetzt, fragt sich früher oder später, ob es vielleicht auch eine spezifische Opfer-Persönlichkeit gebe. Diese Frage ist nicht neu und wird in der Offline-Welt von Kriminologen und Soziologen seit langem sehr kontrovers diskutiert. Folglich kann es hier keine einfache Antwort geben.

Konzentrieren wir uns auf die Tatbestände. „Betrug" definiert das deutsche Strafrecht folgendermaßen:

> „Wer in der Absicht, sich oder einem Dritten einen rechtswidrigen Vermögensvorteil zu verschaffen, das Vermögen eines anderen dadurch beschädigt, dass er durch Vorspiegelung falscher oder durch Entstellung oder Unterdrückung wahrer Tatsachen einen Irrtum erregt oder unterhält, wird mit Freiheitsstrafe bis zu fünf Jahren oder mit Geldstrafe bestraft."[57]

Ausschlaggebend für den Straftatbestand des Betrugs ist also der bewusst erregte Irrtum. Diesem Irrtum muss allerdings auch jemand erliegen. Das Betrugsopfer muss sich also täuschen lassen. Anders herum formuliert: Ein Betrugsopfer wird sich in der Folge immer wieder die Frage stellen, wieso es diesem spezifischen Irrtum aufgesessen ist, weshalb es sich hat täuschen lassen.

Betrachten wir nun den Rufmord im Internet, so stellen wir einige interessante Parallelen fest. Denn auch Rufschädigung oder gar Rufmord funktionieren nicht völlig ohne Zutun des Opfers: Wie wir beispielsweise im Fall von Bruno Leicht gesehen haben, war es die bemerkenswerte Arglosigkeit, mit der der Musiker seinen Stalker letztlich selbst mit Munition versorgt hat. Persönliche Daten wie Adresse und Telefonnummer fanden sich ebenso im Internet wie Bilder und Videos.

Auch im Fall des Computer-Herstellers Dell lieferte das Opfer zunächst die Angriffsfläche in Form von Produkt-Defiziten und kritikwürdigem Service. Was allerdings den Zorn des Bloggers Jeff Jarvis – und in der Folge eine groß angelegte Anti-Dell-Kampagne – endgültig entfachte, war nicht zuletzt auch die Naivität, mit der das Unternehmen Kundenmeinungen und -kritik zum damaligen Zeitpunkt einfach ignorierte.

Star Wars Kid

Man muss nicht unbedingt etwas Besonderes getan haben, um ein Opfer der digitalen Kommunikation zu werden. Wie leicht das passieren kann, konnte man bereits am 21. August des Jahres 2003 in *USA Today* nachlesen[58]. Unter der Überschrift "'Star Wars Kid' becomes unwilling Internet star" wurde dort von den Leiden des jungen Ghyslain R. berichtet: „Ich will mein Leben zurück", erklärte er in einem E-Mail Interview mit der kanadischen Tageszeitung *National Post*.[59]

Was war geschehen? Im November des Jahres 2002 hatte Ghyslain R. in der kanadischen Schule Seminaire Saint-

Joseph in Trois-Rivierès, Quebec, ein Video von sich selbst aufgenommen. Auf diesem Video hantierte er mit einer Golfballangel, als sei diese ein Lichtschwert, wie es in dem seinerzeit sehr populären Film „Star Wars, Episode I" auf beeindruckende Weise geschwungen wurde. Ghyslain war damals gerade mal 15 Jahre alt und darf – auch bei gutem Willen – getrost als „etwas pummelig" beschrieben werden. So ist es kein Wunder, dass seine Interpretation der Rolle deutlich hinter der des Darth-Vader-Darstellers Ray Park, eines erfahrenen Stuntmans und Schwertkämpfers, zurückblieb.

Dies an sich wäre kaum ein Problem gewesen: Wohl niemand unter uns trägt nicht irgendeine Erinnerung aus der Zeit der Pubertät mit sich herum, die uns heute nicht extrem peinlich wäre – und bei der wir dankbar sind, dass es für diese Erinnerung keine weiteren Augenzeugen gibt. Diese Gnade blieb Ghyslain allerdings vorenthalten, denn er vergaß, das Video-Band aus dem schuleigenen Fernsehstudio zu entfernen. Dort wurde es einige Monate später – im April 2003 – von einem Mitschüler entdeckt, der die knapp zwei Minuten während Vorstellung natürlich prompt seinen Freunden vorführte.

Der Erfolg muss durchschlagend gewesen sein. Noch heute können wir in „Wikipedia" nachlesen: „Im Gegensatz zu den sorgfältig choreographierten Kämpfen im Film wirkt er unrhythmisch, hilflos und stolpert an mehreren Stellen. Er imitiert in dem knapp zweiminütigen Video den Star-Wars-Charakter Darth Maul, neben seinen hektischen Bewegungen versuchte er auch dementsprechende Soundeffekte zu imitieren."[60]

So war es nur wenig verwunderlich, dass das Video in kürzester Zeit digitalisiert wurde und unter anderem auf der damals sehr populären Peer-to-Peer Filesharing-Plattform KaZaA sowie auf einer privaten Website landete. Von dort verbreitete sich das Video innerhalb weniger Tage auf unzählige weitere Websites, wurde in Foren und Chatrooms angeregt diskutiert – und vielfach weiterempfohlen.

Nachdem das Video einmal so populär war, entstanden auch bald neue Versionen, in denen andere Internet-Anwender einen Soundtrack unterlegten oder völlig neue Hintergründe, Lichteffekte etc. hinzufügten. Abermals „Wikipedia": „Als besonders populär erwies sich eine Version, die mit der Star-Wars-Musik begann, das Video mit dieser unterlegte und die Golfballangel wie ein Lichtschwert illuminierte."

Ebenso wenig verwunderlich ist, dass nicht alle Kommentare zum Video des „Star Wars Kid" positiv ausfielen: Spott und Häme ergossen sich förmlich über Ghyslain R., der zunächst versuchte, sich der Verfolgung durch einen Schulwechsel zu entziehen – erfolglos, denn auch dort war er längst bekannt und die Belästigungen setzten sich unvermindert fort. Phasenweise ging er gar nicht mehr zur Schule und suchte psychiatrische Hilfe.

Bereits im Juli 2003 verklagte Ghyslains Familie die Familien von vier ehemaligen Mitschülern, die sie beschuldigten, das Video in Umlauf gebracht zu haben. Vor Prozessbeginn kam es schließlich zu einer außergerichtlichen Einigung.

Der Schaden allerdings blieb bestehen: Noch heute führt eine Google-Suche mit dem Stichwort „Star Wars Kid" in Sekundenschnelle zum inzwischen historischen Video-Clip und etlichen Bearbeitungen. Glaubwürdigen Quellen zufolge wurde das Video allein bis November 2006 mehr als 900 Millionen mal heruntergeladen, die BBC ernannte es zum beliebtesten Webvideo und etliche Fernsehproduktionen, Computerspiele und sogar Kunstwerke zitieren das „Star Wars Kid" – alles nur wegen des kurzen Moments der Unachtsamkeit, in dem Ghyslain vergaß, das Video aus dem Recorder zu nehmen. Obwohl der Höhepunkt des Hypes um den Kanadier sicherlich längst überschritten ist, ist er weiterhin eine Berühmtheit. Google zeigt erstaunliche 4.600.000 Ergebnisse bei der Suche nach dem „Star Wars Kid" an. Zum Vergleich: Boris Becker kommt gerade einmal auf knapp die Hälfte der Treffer. Google verweist bei ihm nur auf 2.380.000 Ergebnisse.[61]

Wir dürfen an dieser Stelle nicht vergessen, dass das Einstellen eines Videos ins Internet zwar dafür sorgte, dass das „Star Wars Kid" für die gesamte Internet-Gemeinde zur unvergesslichen Kultfigur wurde – Ghyslain aber auch ewig „Das Star Wars Kid" bleiben wird. Natürlich werden die natürlichen körperlichen Veränderungen eines Heranwachsenden dafür sorgen, dass man ihn auf der Straße heute nicht mehr unbedingt direkt erkennt – die Folgen seiner „15 Minutes of Fame" trägt er jedoch ein ganzes Leben lang mit sich herum. Ghyslain jedenfalls hat für immer den Ruf weg, tapsig und ungelenk einen Filmhelden imitiert zu haben – egal, was er sonst noch im Leben leisten wird. Im Zuge der Frage „Was ist eigentlich aus Star Wars Kid geworden?", die sich viele User innerhalb der Kommentarfunktion auf You-Tube stellen, wird irgendwann, irgendwo im Netz ein anderer Film, ein Bild oder ein Social-Media-Profil von Ghyslain R. auftauchen. Das ist genau der Augenblick, in dem die Webcommunity mitbekommt, dass es sich dabei um jenen Jungen handelt, der als Golfballangel schwingender Jedi berühmt wurde. Es ist der Augenblick, egal wie viel Zeit bis dahin vergangen ist – in dem Ghyslain nicht mehr Ghyslain sein wird, sondern wieder „Star Wars Kid".

Das Schicksal von „Star Wars Kid" stand Pate für eine neue und Internet-spezifische Form des Marketings. Beim sogenannten „viralen Marketing" stellt ein Unternehmen bewusst einen amüsanten, pfiffigen Film oder eine kleine Anwendung ins Internet und lässt die Online-Gemeinde selbst für deren Verbreitung sorgen. Ein frühes Beispiel dafür ist die Anwendung „Subservient Chicken" („untertäniges Huhn"), mit dem die Fastfood-Kette Burger King im Jahr 2004 für sein „Chicken Sandwich" warb[62]: Ein als Huhn verkleideter Mann konnte durch die Eingabe bestimmter Befehle dazu gebracht werden, bestimmte Bewegungen auszuführen. Schon am ersten Tag, nachdem diese Seite online gegangen war, hatte sie rund eine Million Besucher.[63]

Happy Slapping

Zweifellos kann Ghyslain R. als eines der ersten Opfer bezeichnet werden, die die enorme Dynamik der globalen Kommunikation via Internet gefordert hat. Ein Grund dafür war sicherlich seine eigene Unachtsamkeit, doch war sie nicht der einzige Auslöser. Denn – auch wenn es nicht zur juristischen Klärung der Angelegenheit kam – irgendwer hat damals das Original-Video-Band digitalisiert und per KaZaA ins Internet gestellt. Kann man hier bösen Willen, gar den Wunsch nach Rufmord unterstellen? Nicht unbedingt, denn wer auch immer für die Verbreitung des Videos sorgte, dürfte sich kaum darüber im Klaren gewesen sein, was er damit anrichtete.

Obwohl mittlerweile etwa zwei Milliarden Menschen weltweit über einen Internet-Zugang verfügen dürften – das sind knapp 30 Prozent der Weltbevölkerung –, unterliegen noch immer viele Anwender der Illusion, das Internet sei eine vergleichsweise intime Veranstaltung. Sie denken oder scheinen zu denken, dass die Fotos, Musikdateien, Texte oder Videos, die sie ins Netz hochladen, lediglich ihnen und ein paar handverlesenen Freunden vorbehalten bleiben.

Als Beleg soll von einem Fall berichtet werden, der sich vor nicht allzu langer Zeit an einer Hauptschule am linken Niederrhein zugetragen hat: Dort hatte sich im Jahr 2009 herumgesprochen, was „Happy Slapping" ist: ein fragwürdiger „Freizeitspaß", der sich um das Jahr 2004 unter britischen Jugendlichen etabliert hatte[64]. Ziel ist es, einen ahnungslosen Passanten – auch schon mal einen Mitschüler oder gar Lehrer – spontan und ohne jeden Anlass zu schlagen, vorzugsweise ins Gesicht. Unbedingt erforderlich ist ein Mitwisser, der das Ereignis per Handy oder Digitalkamera filmt, um das so entstandene Video schließlich im Internet zu veröffentlichen.

Als „Happy Slapping" im Jahr 2009 schließlich die erwähnte Hauptschule erreichte, dauerte es naturgemäß nicht sonderlich lang, ehe einige Schüler „das auch mal ausprobieren" wollten – und es auch taten. Bereits am folgenden Vormittag fand sich eine Reihe verdutzter Schüler im Dienstzimmer des Schulleiters wieder, wo sie sich eine gehörige Standpauke sowie einen verdienten Tadel abholen mussten.

Sie hatten sich zu keinem Zeitpunkt bewusst gemacht, dass die Wahrscheinlichkeit vergleichsweise hoch ist, dass auch einer ihrer Lehrer bisweilen mal im Internet surft oder eben gezielt nachsieht, ob es denn Neuigkeiten aus seiner Schule gibt.

Obwohl die Öffentlichkeit im Web zuallererst eine virtuelle ist, ist sie doch gleichermaßen erschreckend real: Wohl nur die wenigsten von uns kämen auf den Gedanken, sich nachts um drei Uhr auf dem Heimweg nach einem fröhlichen Abend in der eigenen Nachbarschaft ungebührlich zu benehmen: Es könnte ja jemand zusehen. Im Internet dagegen fühlen wir uns in der Regel unbeobachtet – obwohl rund zwei Milliarden potenzieller Zuschauer rund um die Uhr auf der Lauer liegen.

Manipulation für jedermann

Inzwischen bedarf es nicht einmal mehr einer vergleichsweise aufwendigen PC-Ausstattung, um auf den unterschiedlichsten Plattformen von YouTube über Twitter bis Facebook teilzunehmen: Ein einfaches Handy reicht völlig aus.

Diese Minimal-Ausstattung lässt sich nicht nur sehr effizient dazu einsetzen, um spontane Kundgebungen oder „Flash-Mobs" zu organisieren oder um „Happy Slapping"-Filmchen sekundenschnell online zu publizieren. Mit ihrer Hilfe kann man auch virale Kampagnen gegen Unternehmen und deren Produkte inszenieren – im Zweifelsfall als Rufmordattacke.

Wie effizient solche Kampagnen sein können, erfuhr die Nestlé S.A. – immerhin der größte Lebensmittelkonzern der Welt – im März 2010: Am 17. März erschien auf den Internet-Seiten von Greenpeace Deutschland ein Beitrag unter der Überschrift „Kitkat: Süßes mit bitterem Beigeschmack".[65] Darin erklärte die Autorin, dass die Produktion von Schokoriegeln wie Kitkat zur Zerstörung des indonesischen Urwalds beitrage und damit die Lebensgrundlage der vom Aussterben bedrohten Orang-Utans vernichte.

Hintergrund: Zur Herstellung von Schokolade benötigt man Fett. Traditionell verwendet man die aus der Kakaobohne gewonnene Kakaobutter. Da nun diese Kakaobutter vergleichsweise teuer ist, wird sie – gerade bei Schokoriegeln und Keksen – gerne durch preisgünstigere Fette ersetzt; schließlich geht es hier um Produkte, deren Wertschöpfungsketten maximal optimiert sind. Dieses preisgünstigere Fett ist das aus dem Fruchtfleisch der Ölpalme gewonnene Palmöl, ein Pflanzenöl.

Greenpeace wies nun darauf hin, dass der Kitkat-Hersteller Nestlé sein Palmöl von dem indonesischen Hersteller Sinar Mas bezog. Sinar Mas seinerseits verletze internationale Standards und indonesisches Recht, sei an Landkonflikten beteiligt, rode wertvolle Regenwälder in Orang-Utan-Gebieten und habe massive Expansionspläne. Auf den gerodeten Urwaldflächen würden Ölpalmplantagen in Monokulturen angelegt. Als größter Nahrungsmittelkonzern der Welt habe Nestlé seinen Bedarf an Palmöl in den Jahren 2006 bis 2009 auf 320.000 Tonnen verdoppelt.

Mit diesem eher journalistischen Beitrag auf den Greenpeace-Seiten verbunden war ein YouTube-Video, das – sehr professionell – einen Kitkat-Werbespot nachstellte[66] und am 16. März von der britischen Greenpeace-Niederlassung auf YouTube veröffentlicht worden war: Ein „kleiner Angestellter" ist mit einer nervtötenden Routine-Tätigkeit beschäftigt, irgendwann braucht er eine Pause („Have a break, have a Kitkat") und reißt eine Kitkat-Packung auf. Statt des Schokoriegels entnimmt er dieser Packung allerdings den Finger eines Orang-Utans, den er nichtsdestotrotz ebenso verspeist, als sei es ein Schokoriegel. Blut tropft auf die Tastatur, er wischt sich den Mund ab und dabei Blut übers Gesicht: nicht schön, aber wirkungsvoll.

Der Spot war wirkungsvoll genug, um bereits am 18. März 2010 die Online-Seite der PR-Fachzeitschrift „Horizont" zu der Schlagzeile: „Schockvideo von Greenpeace wird für Nestlé zum PR-Debakel" zu veranlassen.[67] Warum? Natürlich hatte Nestlé prompt auf die Anwürfe reagiert – allerdings mit den Mitteln der klassischen PR und Unternehmenskommunikation: So hatte man mit Verweis auf Copyright-Verletzungen das Video von YouTube entfernen lassen. Ebenso hatte es die PR-Abteilung geschafft, die Information, dass ein Kitkat-Riegel „nicht einmal ein Prozent"[68] Palmöl enthalte, in die Redaktionen der traditionellen Medien zu tragen. Doch der gewünschte Effekt mochte sich nicht einstellen, im Gegenteil: Die erboste Social Web Community verbreitete das Video nur umso schneller – nicht zuletzt motiviert von den Versuchen, das Video zu löschen.

Ironischerweise hatte ein wesentlicher Teil der Diskussion der Online-Gemeinde zum Thema „Kitkat/Orang Utans" auf der Fan-Seite stattgefunden, die der Konzern auf Facebook für sein Produkt eingerichtet hatte und die seinerzeit immerhin 700.000 Fans zählte. So entschloss sich Nestlé am 19. März 2010 (drei Tage nach der Veröffentlichung des Videos), diese Fanseite zu schließen. Nachdem sich die Diskussion prompt auf die Fanpage des Konzerns verlagerte, wurde auch diese nach wenigen Tagen dichtgemacht. Ein Versuch, sich auf den jeweiligen Seiten mit den wütenden Fans direkt auseinanderzusetzen, wurde erst gar nicht unternommen – ungeachtet der Bitten der Facebook-Fans: „Liebe Leute von Nestlé! Wir würden gerne MIT Euch sprechen, statt über Euch! Bitte bezieht Stellung!"[69]

Der Schuss der Nestlé-Öffentlichkeits-Arbeiter ging eindeutig nach hinten los. So postete beispielsweise der Nutzer „duckrabbit" auf dem Blog „vimeo": „Danke Nestlé ... ich hätte das Video niemals gesehen, wenn Ihr es nicht aus YouTube gekickt hättet. Jetzt schicke ich es an alle meine Freunde weiter und ich schätze, dass die es an ihre Kumpel weitergeben. Schmeißt Euer PR-Team raus. Das sind Muppets."[70]

Dies musste schließlich auch Hartmut Gahmann einräumen. Der Kommunikationschef von Nestlé Deutschland erklärte: „Dass so eine Seite binnen Stunden zur Dialogplattform mutiert, das ist neu."[71]

Und Thomas Escher, Social-Media-Experte von Likeable Media aus den USA, kommentiert diese Feststellung auf seiner Facebook-Seite mit den Worten: „Ein Auszug aus der Episode: Wie Erstsemestler künftig Kommunikations-Bosse ausstechen".

Nicht zuletzt die traditionellen Abwehrmaßnahmen des Nestlé-Konzerns hatten also den Greenpeace-Vorstoß so weit geadelt, dass auch klassische Medien wie etwa der *Stern* oder die *Süddeutsche Zeitung* ihn zur Nachricht machten und in ihren Print-Ausgaben berichteten. Für den Lebensmittelkonzern bot sich schließlich nur noch ein einziger Ausweg, über den er die Medien in einer Pressemitteilung vom 15. April 2010 informierte. Im Gespräch mit Greenpeace-Vertretern habe die deutsche Nestlé-Geschäftsleitung abermals „die grundsätzliche Unterstützung der Ziele dieser Aktion und die gemeinsame Sorge um die Bedrohung von Regenwäldern durch die Ausweitung des Palmöl-Anbaus betont. Nestlé unterstützt ein Moratorium zum Schutz des Regenwalds und hat sich bereits zur Zusammenarbeit mit Greenpeace und anderen Organisationen bereit erklärt."[72]

Kurz darauf trat Nestlé als erstes globales Konsumgüterunternehmen dem The Forest Trust (TFT) bei. Diese weltweit agierende Non-Profit-Organisation werde „Nestlé im Aufbau einer verantwortungsbewussten Lieferkette unterstützen, indem soziale Probleme und Umweltthemen identifiziert und benannt werden".[73]

Für Greenpeace war die Kampagne ein durchschlagender Erfolg, wie die Organisation am 17. Mai 2010 mitteilte: „‚Nestlé, give the Orang Utan a break' ist eine der erfolgreichsten Online-Kampagnen und hat in der Social-Media-Welt für einiges Aufsehen gesorgt. Dem Aktionsaufruf folgten bisher rund 250.000 Menschen."[74]

Schließlich stellt sich die Frage, inwieweit diese Kampagne ein Beispiel für eine Reputationsproblematik oder gar Rufmord ist – und nicht vielmehr ein Beispiel für eine erfolgreiche Greenpeace-Aktion? Sie ist beides, abhängig von der Position des Betrachters: Aus der Sicht des Nahrungsmittelkonzerns haben wir es zweifellos mit einer Rufmord-Kampagne zu tun – zumal der Anteil von Palmöl in einem Schokoriegel tatsächlich minimal ist. Wie so oft im Reputationsmanagement haben wir es hier mit jener Grauzone zu tun, in der es sehr stark vom persönlichen Empfinden abhängig ist, ob sich das Opfer als solches sieht und wie stark es die Opferrolle empfindet.

Wertschöpfungsketten unter Kontrolle

Auch im Fall Kitkat lieferte zunächst das Unternehmen selbst die Munition für die Attacke: Dies geschah ursprünglich nicht – wie im Falle Dell – dadurch, dass Kundenmeinungen geflissentlich übersehen wurden, sondern dadurch, dass es das Unternehmen unterlassen hatte, die eigenen Wertschöpfungsketten im Vorfeld genau zu kontrollieren und hier für „Political Correctness" zu sorgen. Mithin war der Greenpeace-Vorwurf ja nicht einfach aus der Luft gegriffen und hielt auch einer genaueren Überprüfung stand. Das von Nestlé vorgetragene Argument, ein Kitkat-Riegel enthalte nicht einmal ein Prozent Palmöl, verfing nicht, denn Greenpeace hatte von Anfang an deutlich gemacht, dass es hier nicht allein um dieses eine Unternehmen und dieses eine Produkt gehe, sondern hatte auch andere „schwarze Schafe" genannt. Palmöl werde auch in Bahlsen-Keksen wie der Prinzenrolle, in Kosmetik von Schwarzkopf oder in Waschmitteln von Henkel verwendet.

Die panische Reaktion, die Nestlé dazu veranlasste, zunächst die Facebook-Seite von Kitkat und fast unmittelbar darauf die Fanseite des gesamten Konzerns abzuschalten, erwies sich dagegen als eine Art Durchlauferhitzer: Hätte das

Unternehmen diese Seiten genutzt, um den Dialog mit den „Störenfrieden" zu suchen, hätte es hier eine Plattform gefunden, um die eigenen Argumente zu vertreten und die schließlich eingeleiteten Reaktionen der interessierten Kundschaft unmittelbar mitzuteilen. Weil diese Kommunikationskanäle überstürzt geschlossen wurden, erhielt die Kampagne nicht nur neuen Brennstoff. Zudem unterlag die nun fällige Krisenkommunikation anschließend den Beschränkungen herkömmlicher PR-Maßnahmen: Sie war deutlich langsamer und keinesfalls billiger.

Letztlich reagierte Nestlé nach der ersten Panikreaktion allerdings rasch und richtig: Innerhalb weniger Wochen gestand das Unternehmen Fehler ein und leitete Gegenmaßnahmen ein, gleichzeitig suchte es das Gespräch mit Greenpeace und konnte zu einer für beide Seiten akzeptablen Lösung gelangen. Gleichwohl gilt es zu bedenken, dass Nestlé hierbei die Infrastruktur des größten Nahrungsmittelkonzerns der Welt zur Verfügung stand: Nur so war es überhaupt möglich, schnelle und effiziente Gegenmaßnahmen einzuleiten und zu kommunizieren. Hätte sich Greenpeace dagegen einen Missstand in der globalen Lieferkette eines mittelständischen Unternehmens „vorgeknöpft", wäre womöglich ein erheblich höherer Schaden angerichtet worden. Denn dieses hätte nicht über die Ressourcen in der Unternehmenskommunikation verfügt, um dem PR-Desaster gegenzusteuern.

Keine Panik!

Dass sich auch andere Großunternehmen im Umgang mit den Medien und Kanälen des Social Web schwertun, zeigt das Beispiel Ryanair: Jason Roe hatte am 19. Februar 2009 in seinem Blog auf Fehler in der Online-Buchungsmaske des Billigfliegers aufmerksam gemacht, die – interessant genug – ausgerechnet die billigsten Angebote des Unternehmens betrafen und eine entsprechende Buchung unmöglich machten. Daraufhin erreichte ihn der Kommentar eines Lesers, der sich als „Ryanair Staff #1" bezeichnete und seine Mitteilung folgendermaßen einleitete: „jason! du bist ein idiot und ein lügner!!"[75]

Es bedarf wohl keines besonderen Hinweises mehr, dass dieser Eintrag blitzschnell die Runde durchs Social Web machte und die Probleme, die Ryanair ohnedies immer wieder mal mit der Reputation hat, noch zusätzlich vergrößerte.

Panikreaktionen schaden im Umgang mit den Social Media. Allzu große Gelassenheit allerdings kann ebenfalls kontraproduktiv sein, wie die Deutsche Bahn AG erfahren musste. Sie versäumte es, sich rechtzeitig eine eigene Präsenz auf der Plattform Twitter zu sichern. So erledigte dies ein anderer Nutzer dieser Plattform und unterhielt fortan seine Follower mit interessanten Hinweisen zur angeblich geplanten BahnCard für tote Fahrgäste oder mit der lapidaren Mitteilung, dass „heute planlos und ganz spontan" gestreikt werde. Auch auf der Plattform Facebook war der Erfolg der Bahn nur mäßig: Hier hatte man zwar rechtzeitig eine eigenen Fanseite eingerichtet, doch dabei ging es dem Unternehmen in erster Linie darum, Tickets zu verkaufen. Der Versuch, die Seite als direkten Draht zum Kunden zu nutzen, unterblieb völlig, was im Social Web ebenfalls nicht unkommentiert blieb.[76]

Social Media sind nicht der Todfeind der Unternehmenskommunikation. Im Gegenteil: Wie wir am Beispiel Dell gesehen haben, können sie sinnvoll und nicht zuletzt auch unmittelbar ertragssteigernd eingesetzt werden. Zudem ermöglichen sie ein aktives Reputationsmanagement und lassen sich hervorragend zum Ausbau und zur Pflege der Beziehung zum Kunden nutzen. Vergessen wir bitte nicht, dass weder Kitkat-Käufer noch Bahnfahrer gezwungen werden, sich auf der Facebook-Seite dieses Produkts oder jenes Unternehmens anzumelden.

Will man diese Potenziale heben, bedarf dies eines besonnenen Vorgehens, denn hier lauern auch beträchtliche

Risiken, von denen unzufriedene Kunden und Mitarbeiter oder unfaire Wettbewerber wohl die größten sein dürften. Diesen Risiken kann man nur beikommen, wenn man sich nicht nur mit dem erforderlichen Know-how und qualifizierten Mitarbeitern versorgt. Ebenso dringend ist die Entwicklung und Implementation fester Regularien und Policies, mit denen sichergestellt werden kann, dass der Kunde – auch der enttäuschte Kunde – in der Online-Welt mit derselben Höflichkeit und Sachlichkeit behandelt wird, wie er dies auch in der Offline-Welt erwartet.

Opfer – was nun?

Wer als Privatperson im Internet angegriffen wird, bekommt dies oft erst spät, bisweilen gar nicht mit. Um anonyme Angriffe auf die eigene Person zu entdecken, bedarf es nicht zuletzt einer gewissen Ich-Bezogenheit: Wer sucht schon regelmäßig nach sich selbst und nach fremden Äußerungen über die eigene Person? Umso größer dann der Schrecken, wenn man entdeckt, dass einem andere Negatives nachsagen oder Dinge präsentieren, die man einer breiten Öffentlichkeit lieber verschwiegen hätte.

Privatpersonen sind im Internet nicht zu Stellungnahmen gezwungen, und mitunter ist es sicherlich besser, Zurückhaltung zu üben. Wer im Hintergrund bleibt, wird nicht so schnell zur Zielscheibe. Andererseits kann ein unbeschriebenes Blatt leicht zur Projektionsfläche werden, die andere dazu nutzen, um anonym oder unter fremdem Namen mit diffamierenden Äußerungen aufzuwarten. Kurz: Das eigene Schweigen im Netz ist keine Versicherung gegen Online-Angriffe, kann aber bisweilen durchaus dabei helfen, dass die Angreifer die Lust verlieren.

Anders stellt sich diese Situation bei Führungskräften und Unternehmen dar: Zum einen lassen sich Firmen über ihren Namen, aber auch über ihre Marken und natürlich auch durch die Prominenz ihrer Geschäftsführung und

Werbeträger leicht und eindeutig identifizieren. Hier laufen Angriffe selten ins Leere, sondern werden in der Regel rasch entdeckt und auch präzise zugeordnet. Zum anderen kann es sich ein Unternehmen kaum erlauben, Angriffe gänzlich zu ignorieren, denn dies kann – wie wir gesehen haben – dazu führen, dass eine Situation eskaliert. Unternehmen sind unmittelbar zum Handeln gezwungen. Dabei geht es zunächst um die interne Einordnung des Online-Angriffs, im nächsten Schritt um die notwendige, nach außen gerichtete Abwehr.

Kein mittelständisches Unternehmen, erst recht keine Aktiengesellschaft und schon gar kein Konzern kann es sich heute erlauben, das Internet mit seiner verzögerungsfreien Informationsverbreitung und bemerkenswerten Breitenwirkung in der Information der und in der Kommunikation mit der Öffentlichkeit zu ignorieren.

Sonderfall: Institutionen

Effektives Reputationsmanagement basiert auf der Kontrolle möglichst aller Kommunikationskanäle. Effizientes Reputationsmanagement setzt ein, ehe ein Ernstfall überhaupt eingetreten ist – im ruhigen Fahrwasser also. Wie so etwas funktionieren kann, wird deutlich, wenn man einen Sonderfall im Reputationsmanagement betrachtet: Institutionen – also Organisationen, Stiftungen oder Hilfswerke.

Den grundlegenden Unterschied zwischen Institutionen und Unternehmen im Hinblick auf den Umgang mit der eigenen Reputation sieht Michael Maillinger, Vice President Strategische Kommunikation der Bertelsmann Stiftung, so:

> „Wenn Organisationen einen wie auch immer gearteten öffentlichen, auf die Gesellschaft zielenden Zweck verfolgen, dann hängen Reputation und Aufgabe mehr oder weniger eng zusammen – in diesem Sinne

ist das Netz für diese Organisationen sensibler, bietet andererseits aber auch zahlreiche Chancen beispielsweise zur Aktivierung. Produzierende Unternehmen und Dienstleister – auch solche in öffentlicher Trägerschaft – hingegen können zwischen Corporate Reputation und Product Reputation unterscheiden."

Maillinger zufolge sind die Gefahren für die Reputation nicht zu unterschätzen, wenn eine Institution die im Netz wirkenden Kräfte sich selbst überlässt.

Gerade Institutionen sind ein hoch interessanter Sonderfall: Erstens, weil die positive Reputation einen nicht ganz unerheblichen Teil ihrer Existenzberechtigung ausmacht, und zweitens auch, weil es zunächst bemerkenswert schwer fällt, ein augenfälliges Beispiel zu finden, in dem eine Institution Opfer einer Rufmord-Attacke – sei es aus dem Internet oder auch in der realen Welt – geworden ist. Das liegt freilich nicht daran, dass Institutionen über jegliche Kritik erhaben wären. Im Gegenteil: Tatsächlich stehen sie quasi unter Dauerfeuer.

Jede Aktion, jedes Engagement einer Institution, jede Position, die ein Verband einnimmt, findet zwangsläufig nicht nur Zustimmung, sondern stößt stets auch auf erbitterte Gegenwehr – sei es, weil gewisse Interessengruppen ihre „Erbhöfe" bedroht sehen; sei es, dass die eine oder andere Lobby sich benachteiligt (oder die andere zu stark bevorzugt) sieht; sei es, dass bestimmte Bevölkerungsgruppen sich schlecht informiert fühlen: Heftige Reputations-Attacken gehören schlicht zum Tagesgeschäft von Institutionen.

Dennoch belegen auch hier Beispiele, wie auch die Reputation einer Institution besonderen Schaden nehmen kann. Das wohl prominenteste Beispiel ist der Fall „Wikileaks".

Wikileaks ist eine 2006 gegründete Enthüllungsplattform, die es in der jüngeren Vergangenheit zu bemerkenswerter Bekanntheit gebracht hat. Ihre Ziele beschreibt die Organisation selbst folgendermaßen:

„Unser Ziel ist es, wichtige Nachrichten und Informationen zu veröffentlichen. Wir bieten einen innovativen, sicheren und anonymen Weg, mit dem Quellen Informationen an unsere Journalisten (oder unseren digitalen Posteingang) durchsickern ('leak') lassen können. Eine unserer wichtigsten Aktivitäten ist es, neben unseren Nachrichten originales Quellen-Material zu veröffentlichen, so dass Leser und Historiker gleichermaßen die Belege für deren Wahrheit erkennen können."[77]

Im Jahr 2010 hat Wikileaks der Reputation einiger besonders bekannter Institutionen empfindlichen Schaden zugefügt: dem US-Verteidigungsministerium – „Pentagon" – und dem US-Außenministerium – „Foggy Bottom": Im Sommer 2010 veröffentlichte Wikileaks ein umfangreiches Paket von Dokumenten, die nach Medienberichten[78] unter anderem belegen sollen, wie sogenannte Sicherheitsberater – letzten Endes private Söldnertruppen – im Auftrag des US-Verteidigungsministeriums im Irak „Black Ops" organisierten. Operationen also, bei denen „Sonderkommandos [...] Aufständische im Wildwest-Stil 'ausschalten', wie es im Militärjargon heißt. Tot oder lebendig, je nachdem. Ohne Richter, ohne Beweise, ohne Urteil", so *Spiegel Online*.[79]

Ende November 2010 legte Wikileaks noch einmal nach und veröffentlichte ein beeindruckend großes Konvolut diplomatischer Depeschen, die von den US-Botschaften in aller Welt ans US-Außenamt geschickt worden waren: Insgesamt fanden 251.287 interne Berichte und Lagebeurteilungen aus den Jahren 1966 bis 2010 ihren Weg in die Öffentlichkeit, darunter auch 15.652 als geheim sowie 101.748 als vertraulich klassifizierte Berichte.

Beide Institutionen, das Pentagon wie das US-Außenministerium, verfügen zweifellos über Kommunikationsstäbe, die es gewohnt sind, opponierende Meinungen – bis hin zu versuchten Rufmord-Angriffen – professionell zu begegnen. Im Fall der Wikileaks-Veröffentlichungen allerdings entstand ernsthafter Reputations-Schaden, denn hier waren interne Informationen, die eigentlich nur für den Dienstgebrauch vorgesehen waren, nach außen gedrungen.

Für die Hüter des brisanten Materials geriet der Vorfall zu einer peinlichen Panne im Bewahren vertraulicher Informationen, die darauffolgenden Pressereaktionen generierten ein ernstzunehmendes Reputationsproblem und wurden sicherlich innerhalb des Militärs auch als Rufmord wahrgenommen.

Dies ist auch für weniger prominente Institutionen der schlimmstmögliche Fall. Denn hier liegt die Messlatte besonders hoch. Wie hoch die Anforderungen sind, die sich an Institutionen richten, wird beispielsweise im „Positionspapier zu Pressesprechern" des Netzwerks Recherche e.V. deutlich: „Alle Institutionen, Organisationen und Vereinigungen sollten eine strikte fachliche Autonomie von Pressesprechern garantieren. Jegliche Rollen-Vermischung mit Marketingabteilungen, CSR-Einheiten[80] oder auf Werbung zielenden Arbeitsbereichen sollte organisatorisch ausgeschlossen werden. Um die Informationsfunktion der Pressesprecher zu stärken, sollten sie sich zudem organisatorisch abgrenzen von Public-Relations-Abteilungen."[81]

Diese Forderung verdeutlicht, wie hoch die Verantwortung von Institutionen gegenüber der Öffentlichkeit ist. Diesem Anspruch muss auch im Internet entsprochen werden. Allerdings bedeutet es keineswegs, dass sich Institutionen nicht auch um eine wirksame Öffentlichkeitsarbeit kümmern sollten. Schließlich zählt es zu den zentralen Aufgaben einer Institution – sei es nun ein Verband, eine Stiftung oder auch ein Ministerium –, die Inhalte und Interessen ihrer Arbeit verständlich und zielgerichtet zu vermitteln. Kanäle im Social Web behutsam einzusetzen und diese ergebnis- und zielgruppenorientiert zu bespielen – das ist eine der wichtigen strategischen Herausforderungen innerhalb des Reputationsmanagements für Institutionen. Letztlich geht es darum, dass Institutionen nicht zur

Diskussion gestellt werden dürfen und ein Mittelweg zwischen Informationspflicht (und legitimen PR-Interessen) sowie der notwendigen Verschwiegenheit gefunden werden muss.

Aus diesem Grund dürfen im Internet nicht leichtfertig Dienste initiiert werden, die diese Sicherheit nicht gewährleisten können. Die Sucht, als Erster Informationen weiterzugeben, von der Online-Services wie Twitter oder Facebook leben, macht Vertraulichkeit zur Verfügungsmasse.

Das Problem: Nur wer an der Kommunikation teilnimmt, kann die Unterhaltung gestalten. Dies gilt insbesondere für soziale Netzwerke. Wenn Institutionen aus nachvollziehbaren Gründen keinen Facebook-Account haben, existieren sie in bestimmten, meist jugendlichen Altersgruppen nicht. Wer bestimmte Kanäle, die für seine Ansprechpartner entscheidend sind, kommunikativ nicht nutzt, wird nicht wahrgenommen.

7

Aus dem Hinterhalt – oder:

Die Täter

Dass nicht viel dazugehört, zum Opfer einer Reputations-Attacke zu werden, haben wir inzwischen gesehen. Damit stellt sich die nächste Frage, was nämlich ein Mensch mitbringen muss, um zum Täter zu werden? Kaum weniger wichtig ist auch die Frage, welche Motivation diese Täter eigentlich umtreibt.

Erinnern wir uns an den eingangs geschilderten Fall des Musikers Bruno Leicht oder an die fragwürdigen Netzwerke selbsternannter Verbraucherschützer, so mag man sich hier eine recht furchteinflößende Sorte von Menschen vorstellen – und damit nicht ganz unrecht haben, denn es gibt natürlich auch Cyber-Stalker, Betrüger und Erpresser oder destruktive Hacker, die das Internet für ihre Zwecke nutzen.

Deren Motivation zu ergründen ist entweder eine Aufgabe für Kriminologen oder für Psychiater. Dabei dürfte es der Kriminologe erheblich leichter haben, denn im weitesten Sinne kriminell motivierte Täter verfolgen ein klar definiertes Ziel: Wollte beispielsweise Stefan Loipfinger die Angriffe auf seine Person wirksam beenden, würde es ausreichen, die Seite CharityWatch.de auszuschalten. Damit hätten seine Gegner ihr Ziel erreicht und keinen Anlass mehr, ihn persönlich anzugreifen. Und – auch wenn das zynisch klingt – selbst die Opfer der selbsternannten Verbraucherschützer könnten sich mit Leichtigkeit freikaufen, denn selbst Abzocker-Netzwerke bedürfen der Reputation: Wer Schutzgeld zahlt, muss auch einen gewissen Schutz genießen.

Ganz anders stellt sich die Lage dar, wenn man das Opfer eines neurotisch oder gar psychotisch motivierten Stalkers wird. Einem Stalker nämlich geht es um Macht – oder zumindest um das Gefühl, Macht zu haben. Erinnern wir uns an den Anruf, der Bruno Leicht erreichte: Hier haben wir es offensichtlich mit einem Menschen zu tun, der sich darin gefällt, als anonymer „Puppenspieler" einen ihm völlig fremden Menschen steuern und womöglich vernichten zu können.

Der Vollständigkeit halber muss an dieser Stelle auch erwähnt werden, dass sich neurotische oder psychotische Motivationen nicht nur auf der Täter-, sondern auch auf der Opfer-Seite zeigen: Mehr als einmal hat die Revolvermänner GmbH einen potenziellen Klienten abgewiesen, weil im Internet nicht verifizierbar war, dass der Rufmord, unter dem er angeblich zu leiden hatte, tatsächlich stattfand.

Ginge es beim Reputationsmanagement im Internet lediglich um Täter, die neurotisch oder psychotisch motiviert sind, wäre der Schutz der Opfer deutlich leichter umzusetzen. Dass er es nicht ist, liegt nicht zuletzt daran, dass die wirkliche Bedrohung für den guten Ruf von Personen, Unternehmen und Institutionen oftmals an ganz anderen Stellen lauert.

Die Bedrohungslage

Befasst man sich mit den unterschiedlichsten Fällen, in denen das Internet zu übler Nachrede oder gar zum Rufmord genutzt wird, beschleicht einen manchmal ein beklemmendes Gefühl: Wie sicher sind wir eigentlich im Internet – wie sicher ist die digitale Welt? Die Antwort auf diese Fragen ist nicht unbedingt dazu angetan, uns zu beruhigen, denn jeder ist potenziell bedroht.

Wie sich zeigt, ist die Angriffsfläche nahezu beliebig groß: Im Umfeld des sogenannten „27C3", also des 27. Kongresses des Chaos Computer Clubs, der vom 27. bis zum 30. Dezember 2010 in Berlin stattfand, berichtete *Spiegel Online* am 28.12.2010 von allerlei seltsamen Begebenheiten:[82] Auf den Nachrichtenseiten der ARD erschien eine Meldung, der zufolge am Kölner Dom eine tote Eule aufgefunden worden sei; da ein Terroranschlag nicht ausgeschlossen werden könne, untersuche ein Strahlenschutzteam der Kölner Feuerwehr die nähere Umgebung.

Nicht viel besser erging es gleichzeitig der FDP, auf deren Shop-Seiten plötzlich ein Warmluft-Handtrockner angeboten wurde, der auf Knopfdruck eine „Rede von Guido Westerwelle" von sich geben würde, einer Shop-Seite auf web.de, auf der „ein hübsch geschminkter Adolf Hitler mit Lippenstift, rosa Wangen, Uniform und deftigem Lidschatten" für einen Designer-Laden warb, oder der Shop-Seite der CDU, die der Einfachheit halber gleich mit dem Motto des CCC-Kongresses („We come in peace") verziert wurde.

All dies waren vergleichsweise harmlose Hacker-Scherze, wie sie sich im Umfeld derartiger Events nicht selten ereignen. Sie richten keinen tatsächlichen Schaden an, sondern weisen vielmehr auf Sicherheitslücken hin. Zudem sind sie in aller Regel mit sogenannten Tags signiert und lassen sich meist problemlos entfernen. Dennoch zeigen sie deutlich, dass auch professionell aufgestellte Internet-Systeme Sicherheitsprobleme aufweisen.

Noch deutlicher, aber spürbar weniger harmlos war es einige Wochen zuvor zugegangen: In der Folge der Wiki-Leaks-Enthüllungen vom 28. November 2010 wurde dramatisch unter Beweis gestellt, dass auch große und höchst professionelle Internet-Seiten angreifbar sind: Nachdem PayPal, Mastercard und Visa die Überweisung von Geldern an WikiLeaks eingestellt hatten, wurden deren Internet-Präsenzen durch groß angelegte DDoS-Attacken lahmgelegt. Als mögliche Koordinatoren dieser DDoS-Attacken wurde die Hacker-Plattform „4Chan" sowie die informelle Protestplattform „Anonymus" vermutet.

DDoS-Attacken

An dieser Stelle soll kurz erklärt werden, was eine DDoS-Attacke ist: DDoS steht für „Distributed Denial of Service" und ist eine Variante des altbekannten „Denial of Service", der Dienstverweigerung, die ein Internet-Server meldet, wenn er sich außerstande sieht, die von ihm erwarteten Dienste zu erbringen, weil er schlicht und einfach überlastet ist. In der Frühzeit des Internet waren solche Denial-of-Service-Meldungen an der Tagesordnung, weil die eingesetzten Server nicht leistungsstark genug dimensioniert waren, um einer unerwartet hohen Nachfrage nach Informationen gerecht zu werden.

Der erste spektakuläre DoS-Fall dürfte im Juli 1997 passiert sein, als die NASA-Mission „Mars Pathfinder" das Roboterfahrzeug „Sojourner" erfolgreich auf dem roten Planeten gelandet hatte und dieses Bilder von der Marsoberfläche zur Erde übertrug: Die Server des Jet Propulsion Laboratory (JPL), die diese Bilder erstmals im Internet veröffentlichten, sahen sich schon nach kurzer Zeit nicht mehr in der Lage, die Anfragen aus aller Welt zu bedienen, und gaben schließlich auf.

Was im Falle der JPL-Server auf eine unerwartet hohe Nachfrage tatsächlich interessierter Anwender zurückzuführen war, lässt sich aber ebenso gut bewusst herbeiführen: Will man gezielt einen Server ausschalten, reicht es aus, diesen mit einer hinreichenden Zahl von Anfragen zu konfrontieren. Dazu ist es nicht einmal erforderlich, selbst die Tatstatur zu bedienen, denn auch hier gibt es Tools, die uns das abnehmen. Das vielleicht bekannteste Werkzeug dieser Art ist ein Programm namens „Low Orbit Ion Cannon" (LOIC). Es war ursprünglich entwickelt worden, um

Netzwerke und Server einem kontrollierbaren Belastungs-
test zu unterwerfen. LOIC ist eine „Open Source Software",
das heißt, dass der Quellcode des Programms jedermann
frei zugänglich ist und von jedem Programmierer nach
Belieben modifiziert und verbessert werden kann. So ist
es ohne großen technischen Aufwand möglich, eine DoS-
Attacke vom heimischen Rechner – oder gar während der
Arbeitszeit vom Büro aus – zu starten. Juristisch ist dieses
Vorgehen deutlich weniger harmlos, denn eine DoS-Atta-
cke fällt unter den Tatbestand der Datenveränderung[83] und
ist mit Geldstrafe oder einer Freiheitsstrafe von bis zu zwei
Jahren bedroht. Sollte die Attacke gelingen, greift gar der
Tatbestand der Computersabotage[84], der die maximale Freiheitsstrafe auf drei Jahre verlängert. In beiden Fällen kann
das Opfer zudem Vermögensschäden zivilrechtlich geltend
machen.

Noch effizienter wird ein DoS-Angriff naturgemäß,
wenn er von mehreren Anwendern gleichzeitig gestartet
wird und so zum DDoS-Raid wird. Wie effizient ein solcher
Raid werden kann, meldeten die Agenturen am 30. Dezem-
ber 2010: Dort hieß es, dass die Plattform 4Chan selbst einer
DDoS-Attacke zum Opfer gefallen war: Ehe 4Chan aus dem
Internet verschwand, war selbst die Seitengestaltung dieses
Forums von außen massiv modifiziert worden: „... die Seite
präsentierte sich statt in den üblichen Pastelltönen plötz-
lich in Rot-Gelb-Azur, der Eurodance Trashklassiker ‚Cool-
Eyed Joe' lief im Hintergrund", berichtete *Spiegel Online* am
Jahresende 2010.[85]

Gelegenheit macht Täter

Sieht man einmal von den genannten juristischen Konsequenzen ab, die ohnedies auf den Geltungsbereich des
deutschen Rechts begrenzt bleiben, so stellt man fest, dass
selbst hinter den gefürchteten DDoS-Raids keinesfalls ge-
wiefte Hacker mit außergewöhnlichen Computer-Kennt-

nissen stehen müssen: So nahm die Polizei in den Niederlanden nach einem DDoS-Raid den 16-jährigen Martijn G. fest. Seine LOIC-Version war so schlicht gestrickt, dass sie die Internet-Adresse des Raiders sofort offenbarte. Martijn G. zeigte nur wenig Schuldbewusstsein, denn schließlich habe er nur ein „Programmchen" ausprobieren wollen.[86] Hier war es zweifellos das „Programmchen", das dem 16-Jährigen – mutmaßlich gepaart mit einschlägigen Verabredungen per Twitter – die Gelegenheit bot, mal etwas Neues auszuprobieren.

Auch in anderen Situationen ist es zweifellos die Gelegenheit, die den normalen Menschen zum Täter macht. Diese Gelegenheit wird oft genug von den Opfern selbst geliefert. Hierzu ein Beispiel aus der Offline-Welt: Viele Unternehmen haben aufgrund der einbrechenden Umsätze infolge der Finanzkrise ihr Customer Relationship Management (CRM) massiv verbessert, intensiviert und nachgerüstet. An vorderster Front aktiv war der Autohandel, denn hier geht es um vergleichsweise geringe Stückzahlen, deren Absatz aber einen hohen Umsatz garantiert.

Im Zuge des automobilen CRM hat es sich mittlerweile eingebürgert, dass Käufer nach einem Vertragsabschluss von einem zentralen Call Center, das in aller Regel unmittelbar beim Hersteller selbst installiert ist, angerufen und zu ihren Eindrücken vom Verkaufsgespräch und den damit verbundenen Prozessen (Probefahrt, Upselling diverser Zubehörteile, Finanzierungsangebote der Hausbank etc.) befragt werden. Anders als in den CRM-Systemen früherer Generationen sind die aktuellen Versionen durchaus mit Sanktionen belegt: Das Unternehmen erfasst die Eindrücke der Kundschaft nach klaren Vorgaben und wertet sie konsequent in vorab definierten Rankings aus.

Die Ergebnisse dieser Befragungen und Rankings haben wesentlichen Einfluss auf die Margen und Rabatte, die ein Autohersteller seiner Niederlassung oder dem Händler einräumt. In großen Niederlassungen geht es hier nicht selten um zweistellige Millionenbeträge pro Jahr. Um dabei ein positives Ergebnis – also einen geldwerten Vorteil – zu erreichen, reicht es nicht aus, lediglich „gute" Ergebnisse (also im Bereich 80-prozentiger Kundenzufriedenheit) vorweisen zu können, es muss schon deutlich mehr sein.

Dies ist den Händlern und Verkäufern natürlich bewusst. Ebenso bewusst ist ihnen, dass ihr CRM-Ranking unmittelbare Auswirkungen auf die Ertragslage ihres Hauses und auch auf das persönliche Einkommen hat. So ist es nur allzu verständlich, dass Händler und Verkäufer die Gelegenheit wahrnehmen, einen Kunden auf den Anruf des Call-Centers vorzubereiten, ihn nach Möglichkeit sogar zu bitten, seine Zufriedenheit möglichst euphorisch zu äußern, denn nur die „Eins plus mit Sternchen" bietet innerhalb dieser CRM-Systeme die Perspektive auf den erhofften Bonus, die erstrebenswerte Ertragslage.

Dass Kunden solche Gelegenheiten gern nutzen, um sich den einen oder anderen Vorteil zu sichern, haben wir schon zu Beginn dieses Buches gesehen. Dass es hier nicht einfach nur um „eine Gratis-Massage extra" geht, dürfte angesichts der im Automobilhandel gängigen Marktpreise evident sein. Zusätzlicher Druck auf Autohäuser entsteht mittlerweile auch dadurch, dass Kunden ihre Bewertungen nicht nur dem CRM-Mitarbeiter am Telefon mitteilen, sondern diese auch auf einschlägigen Bewertungsportalen im Internet aktiv einstellen. Zum im Kapitel 2 erwähnten Hotelier gibt es hier allerdings einen eklatanten Unterschied, denn die „Opfer" haben die Gelegenheit zu dieser „Erpressung in der Grauzone" selbst geschaffen.

Täter aus gutem Willen

Nicht jeder von uns ist das, was man heutzutage gern als „Gutmenschen" bezeichnet. Und sollten wir es doch sein, so würden sich viele wohl kaum die Gelegenheit entgehen lassen, einen ordentlichen Rabatt für ihr neues Auto „einfach so" mitzunehmen?

Doch selbst dann, wenn wir tatsächlich mal als Gutmensch unterwegs sind, können wir zu Rufmördern im Internet mutieren – oder dazu gemacht werden. Erinnern wir uns an die beiden Greenpeace-Beispiele, an die Brent Spar und an den Kitkat-Schokoriegel: In allen Fällen wurden die Kampagnen – einmal offline, einmal online – von Menschen vorangetrieben, die sich ernstlich um das Wohl unseres Planeten sorgten. Auch wenn Greenpeace im Fall der Brent Spar zurückrudern musste, weil die ursprüngliche Behauptung nicht aufrechtzuerhalten war, ändert dies nichts am guten Willen der Protagonisten noch am guten Willen derjenigen, die einfach mal die Tankstelle gewechselt haben. Und es änderte nichts am Erfolg der Kampagne selbst, wie Greenpeace noch heute erklärt.

Doch auch hier ergeben sich zwangsläufig Grauzonen. Erinnern wir uns an den Fall des Stefan Loipfinger und seines Portals CharityWatch.de: Wie Loipfinger schätzt, wird von den rund 120 Spendensammel-Organisationen, die er auf seiner Warnliste führt, ein jährliches Spendenvolumen in dreistelliger Millionenhöhe umgesetzt. Organisationen, die auf dieser Warnliste landen, geben nach Stefan Loipfinger Anlass zum Verdacht, dass sie mit den eingesammelten Spendengeldern nicht seriös umgehen. Ein nicht übermittelter Rechenschafts- oder Geschäftsbericht allein sei nicht der Auslöser für das negative Ranking auf CharityWatch.de.

Dennoch dürfen wir annehmen, dass Menschen, die ihr Geld etwa für einen Tierschutzverein hergeben, der innerhalb eines dubiosen Konglomerats von Tierschutz-Organisationen platziert ist, dies in bester Absicht tun. Dies ist nicht zuletzt ein Beleg dafür, dass es immer wieder Menschen gibt, die bereit sind, sich für einen Zweck zu engagieren, den sie als „gut" empfinden.

Und das ist auch richtig so: Wir sollten uns freuen, in einer Welt zu leben, in der sich immer wieder Menschen finden, die sich nicht allein für ihr eigenes Wohlergehen interessieren. Zugleich aber lauert hier ein nicht zu unterschätzendes Risiko: Immer wieder wird der gute Wille von Menschen zu einer Online-Kampagne, einer Reputations-Attacke oder einem Raid auf eine missliebige Organisation von ihren Gegnern genutzt. Gerade Menschen, die sich engagieren, lassen sich immer wieder leichtgläubig vor den Karren fremder Interessen spannen und werden so zu einem unfreiwilligen Werkzeug der Täter.

Täter aus Langeweile

Erinnern wir uns abermals an CharityWatch.de: Nachdem sich die erste – einigermaßen plumpe – E-Mail-Attacke auf die Reputation von Stefan Loipfinger als Fehlschlag entpuppt hatte, änderte der Angreifer seine Taktik und begann, um Verbündete zu werben. – Dies mit erheblich größerem Effekt, denn das Internet offenbart auch dann ungeahnte Qualitäten, wenn es darum geht, Mitstreiter für eine „gute Sache" zu organisieren. Hier ist das Online-Forum 4Chan vielleicht das beste Beispiel:

Wer die Berichterstattung über die Attacken auf PayPal, Mastercard oder Visa verfolgte, kam rasch auf den Gedanken, dass die Plattform 4Chan im Internet quasi „Die Achse des Bösen" darstellen könnte: den Rückzugs- und Sammlungsraum, in dem sich die Cyber-Terroristen dieser Welt treffen, um neue Anschläge auszuhecken. Tatsächlich ist *www.4Chan.org* eine Plattform, auf der sich ganz normale Menschen in den unterschiedlichsten Themen-Foren treffen, um sich über Autos, Fotografie oder Sport auszutauschen.

Daneben bietet 4Chan auch eine Reihe von „Adult"-Foren. Die Attacken auf PayPal und Konsorten hatten ihren Ausgangspunkt sämtlich in einem einzigen Forum, dem „Random"-Forum, nach seinem 4Chan-Kürzel auch gern als „4Chan/b/" bezeichnet.

Doch auch hier werden Verschwörungstheoretiker rasch enttäuscht sein: 4Chan/b/ ist ein Treffpunkt für Internet-Nutzer, die gerade nichts zu tun haben und keine Lust empfinden, sich einer zielgerichteten Diskussion in einem anderen 4Chan-Forum (oder sonstwo) anzuschließen: Wer sich in 4Chan/b/ herumtreibt, der langweilt sich. Gerade dies aber macht 4Chan/b/ zu einer bemerkenswert schlagkräftigen Community. Wer sich langweilt, der hat zu viel Zeit und zu viel Energie, aber kein Ziel, auf das er diese lenken kann. In den allermeisten Fällen führt dies zu harmlosem Treiben. Das bestätigt auch der Hinweis, der sich am Anfang des Forums befindet. Dort heißt es: „Die Geschichten und Informationen, die Sie hier finden, sind Kunstwerke der Fiktion und der Lüge. Nur ein Narr würde die hier veröffentlichten Informationen als Tatsachen akzeptieren."[87]

Ein typisches Beispiel für das Geschehen auf 4Chan/b/ ist etwa ein sogenannter „Troll-Thread", der am 5. Februar 2011 gestartet wurde – und bald versandete: Irgendwer setzte – ganz offensichtlich aus purer Langeweile – die Nachricht in die Welt, der Schauspieler Ben Stiller sei 2010 gestorben: „Good night sweet prince".

Dies ist kein Ausnahmefall, wie 4Chan/b/-Insider bestätigen: Troll-Threads, in denen der Tod eines Prominenten verkündet wird, sind hier an der Tagesordnung. Auch dass weder das behauptete Todesdatum noch das gepostete Bild (es zeigt Adam Sandler) zur Nachricht passen, ist nicht neu. Die Regeln eines Troll-Threads sind einfach: Wenn irgendwer auf die Nachricht reinfällt, hat der Troll gewonnen. Nichts Schlimmes, aber eben auch nichts wirklich Wichtiges. Langeweile eben.

Gibt man allerdings Menschen, die sich langweilen, die Gelegenheit, ihre Zeit und Energie auf ein in ihren Augen „sinnvolles" Ziel zu lenken, werden bemerkenswerte Ressourcen freigesetzt. Auch dies belegt 4Chan/b/ eindrucksvoll. Im Januar 2008 erklärte das über dieses Forum initiierte „Project Chanology" der Scientology-Organisation den Krieg. Zuvor hatte Scientology im Internet ein Video verbreitet, in dem Tom Cruise für die Organisation warb.

Project Chanalogy konterte mit einem eigenen Video, in dem vor den Gefahren der Sekte gewarnt wurde.[88]

Es blieb nicht bei einem YouTube-Filmchen: DDoS-Attacken setzten die Scientology-Server massiv unter Druck, die Call-Center der Organisation wurden lahmgelegt, eine „Google-Bombe" wurde abgeworfen, die dafür sorgte, dass Google auf die Such-Anfrage „Dangerous Cult" die Scientology-Homepage an erster Stelle nannte. Und auch im „richtigen Leben" fanden Aktionen statt. Manche im normalen Rahmen – also Demonstrationen vor Scientology-Häusern in Großbritannien, Kanada, Deutschland, Australien und den USA –, andere dagegen hatten eindeutig Troll-Charakter wie etwa Pizza-Bestellungen, die an die jeweiligen Scientology-Adressen geliefert wurden, oder Anforderungen für Taxis.[89]

Befördert wird diese Organisation virtueller und realer Flash-Mobs durch die Spielregeln der 4Chan-Plattform: Wer hier ein Bild oder einen Kommentar posten will, muss dazu lediglich einen „Capture-Code" überwinden, der maschinell veranlasste Postings verhindern soll. Die Eingabe eines Namens oder einer E-Mail-Adresse ist freiwillig. Die Eingabe eines Passworts ist lediglich erforderlich, um Dateien später auch löschen zu können. Damit gilt 4Chan heute als einer der letzten Plätze im Internet, wo die Anonymität der Teilnehmer tatsächlich gewährleistet ist.

Ein derart geposteter Eintrag wird – bis auf wenige, juristisch begründete Ausnahmen – unmittelbar im Forum erscheinen. Sofern der Einsender keinen Namen angegeben hat, erscheint sein Beitrag unter der Kennung „Anonymus" – dies ist auf 4Chan/b/ meist der Fall. Daraus ergab sich fast zwangsläufig, dass die Teilnehmer dieses Forums den Namen Anonymus für sich akzeptierten. Mit der Guy-Fawkes-Maske aus dem Film „V for Vendetta" fand sich rasch auch ein passendes Bild.

Die Attacken auf Scientology, PayPal, Mastercard oder Visa sind keine Einzelfälle, allerdings sind sie besondere Ereignisse in der Geschichte von 4Chan/b/: Immer wieder kommt es vor, dass ein Anonymus die Idee hat, andere Teilnehmer dieses Forums zu Aktionen gegen Personen oder Unternehmen zu veranlassen. Eine solche Aktion könnte etwa sein, den Facebook-Account einer Person oder eines Unternehmens zu hacken und so zu übernehmen. In den meisten Fällen wird ein solcher Vorschlag kaum Unterstützer finden – bestenfalls kommt die Antwort: „Fuck you, we're not your personal army."

Bisweilen kann es allerdings auch passieren, dass der Facebook-Account tatsächlich von den 4Chan/b/-Teilnehmern gehackt wird: Der Account wird dann mit diffamierenden Texten, mit Porno-Bildchen oder einfach nur mit banalem Unfug geflutet. Was letztlich darüber entscheidet, ob der Ruf zur Attacke in 4Chan/b/ befolgt wird oder nicht, lässt sich nicht mit letzter Sicherheit klären. Zum Teil mag es am Ausmaß der Langeweile der Teilnehmer liegen, zum Teil an der Überzeugungskraft des jeweiligen Initiators. Ganz gewiss aber spielt die Akzeptanz des Ziels eine wesentliche Rolle. Geht es erst einmal darum, PayPal, Mastercard oder Visa oder irgendein anderes Unternehmen ins Visier zu nehmen, dürfte nicht zuletzt die Reputation dieser Unternehmen und Organisationen bei der Auswahl des Ziels von entscheidender Bedeutung sein.

Was tun gegen „Anonymus"?

Nicht alle „Anonymus"-Aktionen sind von dem Willen getrieben, diese Welt zu verbessern. Ebenso entspringen nicht alle Aktionen von „Anonymus" einem persönlichen Rachefeldzug: Der Versuch, die Aktionen, die hier gestartet werden, auf die eine oder andere Weise einzusortieren, muss zwangsläufig scheitern. Diese Aktionen haben fast niemals einen klaren Ausgangspunkt. Das bestätigen selbst die Aktivisten in dieser Szene: Sie leugnen, eine Führungsstruktur zu haben. Stattdessen sei ihr Vorbild der „Hive Mind", eine Schwarm-Intelligenz, die sich eher zufällig ergebe.[90] Es gibt in der Schwarmstruktur keine Individualität und keine Individuen: Der Schwarm definiert das Handeln – und dies ungeheuer effektiv.

Während wir es im richtigen Leben wohl kaum ertragen würden, auf diese Weise anonym zu sein, ist dies in der Online-Welt von entscheidendem Vorteil: Das Internet gibt seinen Nutzern das Gefühl, anonym zu bleiben. Und diese Anonymität lässt sich mit geringem Aufwand tatsächlich sicherstellen. Während wir im richtigen Leben stets darauf bedacht sind, unsere persönliche Reputation zu schützen, indem wir uns nach Möglichkeit regelkonform benehmen, bietet uns das Internet bis zu einem gewissen Grad die Chance, anonym unter einer Maske zu agieren. Mit ein wenig Aufwand und etwas technischer Kenntnis lässt sich diese Anonymität auch tatsächlich bewerkstelligen. Diese – oft nur „gefühlte" – Anonymität schafft Täter: Sie bietet Wettbewerbern, frustrierten Mitarbeitern oder entnervten Kunden die Möglichkeit, ohne Rücksicht auf Konsequenzen zuzuschlagen: Undichte Stellen können ohne Risiko öffentlich gemacht werden, Leichen können aus dem Keller geholt, konzertierte Aktionen – wie Flash-Mobs oder DDoS-Raids – können unschwer organisiert werden: Cyber-Kriminalität ist ein Gelegenheitsdelikt.

Damit wird Rufmord im Internet zum Lehrbuchbeispiel für „asymmetrische Kriegführung". Auf der einen Seite haben wir die Opfer, die jederzeit identifizierbar sind; auf der anderen Seite die Täter, die sich leicht hinter der Maske der Anonymität verbergen können.

8

Die Rolle der Suchmaschinen

Dass das menschliche Gehirn sieben Segment-Register hat, gilt seit den 90er Jahren als erwiesen. Diese Aussage basiert auf Erkenntnissen über den Bauplan von Prozessor-Chips. Demnach ist niemand in der Lage, mehr als sieben Aufgaben oder Positionen gleichzeitig zu verwalten. Ob das wirklich stimmt, sei dahingestellt. Immerhin fand diese Erkenntnis ihren praktischen Niederschlag darin, dass global agierende Unternehmen wie etwa Microsoft ihre Organigramme seinerzeit dahingehend korrigierten, dass kein Vorgesetzter – auf welcher Ebene auch immer – mehr als sieben direkte Untergebene zu beaufsichtigen hatte.

Wenn nun unser Hirn tatsächlich nicht mehr als sieben Instanzen – oder Threads – gleichzeitig verwalten kann, wie schaffen wir es dann überhaupt, mit dem Internet umzugehen? Die Antwort lautet: Wir vertrauen auf die Suchmaschinen, die Vielzahl an Informationen zu filtern, die wir erhalten. Das muss nicht unbedingt positiv sein: Haben sich die Algorithmen von Google einmal entschieden, inkriminierende Inhalte zu einer Person, einem Produkt oder einer Institution „ganz oben" – also auf der ersten oder zweiten Seite der angezeigten Suchergebnisse – zu listen, ist der Umstand, etwa bei Yahoo oder Bing noch immer mit positiven Inhalten gelistet zu werden, auch kein Trost. Nicht Bing oder Yahoo definieren die digitale Welt – sondern eben Google. Insofern gilt das sogenannte „Nigge-mannsche Axiom".[91] Demnach ist Google die Leinwand, auf die das globale Netz projiziert wird.

Unterstellen wir also der Einfachheit halber, dass Such-maschinen den Blick auf die digitale Welt definieren, so stellt sich die Frage, wie denn Suchmaschinen beeinflusst werden können, um das Ansehen, die Reputation, den Wert einer Person, eines Produktes oder eines Unternehmens im Global Village möglichst ins beste Licht zu rücken. So oder ähnlich sollte die Frage in einer perfekten Welt lauten. Nachdem diese Welt aber nicht perfekt ist, wird diese Frage typischerweise erst dann gestellt, wenn Ansehen, Wert oder Reputation einer Person, eines Produktes oder eines Unter-nehmens bereits unter schwerem Beschuss stehen.

Die Frage, wie sich Google beeinflussen lässt, hat in der digitalen Welt in etwa denselben Stellenwert wie in der realen Welt die Frage nach dem Rezept für Coca-Cola. Er-schwerend kommt hinzu, dass der Algorithmus, dem Google folgt, kontinuierlich verändert wird. Während es allerdings in der realen Welt nur wenige Menschen gibt, die für sich in Anspruch nehmen, das Coca-Cola-Rezept zu kennen, wim-melt es in der digitalen Welt nur so von Menschen, die be-haupten, sie könnten – freilich gegen einen entsprechenden Obolus – Google beeinflussen. Ein weiterer Unterschied: Im digitalen Dorf kann man recht angenehm leben, wenn man versichert, Google beeinflussen zu können.

So viel vorab: Ja, man kann Google – und damit auch andere Suchmaschinen – beeinflussen. Das ist jedoch we-der einfach noch billig. SEO – Search Engine Optimizati-on – funktioniert in der Tat, wenn man es konsequent und mit einem angemessenen Budget ausgestattet betreibt.

Zur Ehrenrettung von Google sei eines angemerkt: Google behauptet nicht, die Wahrheit zu liefern. Was Google anbietet, ist ein „SERP-Ranking", das die Wichtigkeit oder Relevanz einer Internet-Seite zum jeweiligen Suchbe-griff anzeigt. Eine Unterscheidung zwischen „wahren" und „falschen" Informationen zählt nicht zum Dienstleistungsangebot dieser Suchmaschine. Dass die meisten Internet-Anwender den Google-Ergebnissen vertrauen, liegt wohl zunächst daran, dass sie ihnen glauben wollen, womöglich sogar glauben müssen. Insofern ist die Metapher, Google sei die „Leinwand des Internets" nicht so gewagt, wie es zunächst scheinen mag.

Page Rank & Google-Algorithmus

Zentrales Element des Google-Erfolges ist die Page-Rank-Technologie, die nicht nach „Web-Pages" – also Internet-Seiten – benannt ist, sondern nach Google-Mitbegründer Larry Page, der diese Technologie gemeinsam mit Sergei Brin an der Stanford University entwickelt hat und patentieren ließ. Sie dient der Google Inc. als Grundlage für den Gewichtungsmechanismus dieser Suchmaschine. Der Page Rank einer Internet-Seite definiert im Google-Universum den Wert dieser Seite auf einer Skala von eins bis zehn. Seiten, die einen hohen Page Rank erringen, haben also für die Suchmaschine einen höheren Wert als andere und werden daher in den Ergebnislisten bevorzugt.

Die Bedeutung dieses Algorithmus erschließt sich rasch, wenn man einen Blick auf die Vergangenheit der Suchmaschinen wirft: In der ersten Generation der Suchmaschinen – Yahoo dürfte damals die erfolgreichste gewesen sein– dominierten manuell erstellte Verzeichnisse: Die wenigen existierenden Seiten wurden von Hand durchsucht, mit Suchwörtern indiziert und in Online-Verzeichnissen veröffentlicht. Der Vorteil dieser Methode: Wer einen Suchbegriff eingab (und fündig wurde), konnte sicher sein, dass die angezeigten Vorschläge tatsächlich eine hohe Relevanz für seine Suchanfrage hatten. Ihr Nachteil: Irgendwann war das Internet einfach zu groß, um noch manuell indiziert zu werden.

So wurde es Zeit für die zweite Generation von Suchmaschinen – etwa AltaVista. Diese Web-Verzeichnisse wurden von sogenannten „Crawlern" oder „Bots" erstellt: Kleine Programme, die sich automatisch im Internet verteilten, jede Seite nach häufig auftauchenden Wörtern absuchten und diese an die heimischen Server meldeten. Die so entstandenen Verzeichnisse wurden zwar dem Volumen des gewachsenen Netzes gerecht, nicht aber seiner Komplexität. Wer beispielsweise den Suchbegriff „Kerze" eingab, bekam in kürzester Zeit etliche zehn- oder gar hunderttausend Treffer genannt, musste aber umso mehr Zeit aufwenden, um sich durch jede Menge Seiten zu wühlen, die sich mit Zündkerzen beschäftigten, ehe er die Seiten fand, in denen es um die gesuchten Wachskerzen ging.

Mit Google kam schließlich die erste Suchmaschine auf den Markt, die nicht nur das Volumen des Internet, sondern auch seine Komplexität zu bewältigen schien, indem sie nicht allein unzählige Treffern anbot, sondern sie eben auch gewichtete. Zumindest war es sehr wahrscheinlich, dass die ganz oben auf der Liste stehenden Suchergebnisse auch diejenigen mit der höchsten Relevanz zur Suchanfrage waren. So bot Google die augenscheinlich optimale Kombination aus Quantität und Qualität der Suchergebnisse.

Dieser sogenannte SERP Rank (Search Engine Results Page, von einigen fälschlicherweise als Search Engine Rank Position bezeichnet) wird aufgrund eines Algorithmus gebildet, der aus Hunderten von Faktoren besteht, zu denen nicht der Page Rank zählt.

Hier wird Googles SERP Rank zum Risiko für die Reputation von Personen oder Produkten, von Unternehmen oder Institutionen, denn wir alle haben uns – nicht zuletzt aus Bequemlichkeit – angewöhnt, diesem Ranking zu vertrauen: Rund 87 Prozent aller Anwender nehmen lediglich die ersten beiden Google-Suchergebnisseiten wahr. Hat es ein diffamierender Internet-Beitrag also erst einmal auf eine dieser beiden Bildschirmseiten geschafft, ist der Ernstfall eingetreten.

Mediation – Wie kann man sich als Opfer wehren?

Google-Ergebnisse verschwinden erst, wenn die betreffende Seite neu indiziert wird und die ursprünglichen Web-Einträge nicht mehr existieren. Diese allerdings lassen sich durch den Seitenbetreiber löschen – sei es auf privat betriebenen Blogs oder auch auf kommerziellen Seiten wie etwa den diversen Bewertungsportalen der unterschiedlichsten Branchensegmente. Um dies jedoch zu erreichen, bedarf es einer Mediation, also des Versuchs, die Wünsche des betroffenen Unternehmens oder der betroffenen Person mit den Interessen des Seiten-Betreibers abzugleichen und nach Möglichkeit zur Deckung zu bringen.

Dies muss vorbereitet werden. Zunächst ist auf beiden Seiten eine gründliche Recherche gefordert – sowohl beim Opfer als auch beim Betreiber: Was genau wurde bemängelt beziehungsweise angeprangert und welche der Vorwürfe haben noch Bestand? Daraus ergibt sich dann eine Argumentationslinie, die auch die Interessen des Seiten-Betreibers berücksichtigen muss.

Welches Hotel-Bewertungsportal hätte wohl ein Interesse daran, dass auf seinen Seiten die mangelhafte Pflege eines Swimmingpools angeprangert wird, wenn es diesen Swimmingpool überhaupt nicht gibt? Auch Bewertungsportale sorgen sich um ihre Reputation. Dasselbe gilt auch – in den allermeisten Fällen – für die Betreiber privater Blogs. Dabei ist es auch wichtig, die individuellen Züge und die Ausrichtung der jeweiligen Plattform zu berücksichtigen.

Erst dann kommt es zum ersten Kontakt. Dieser erfolgt in aller Regel schriftlich. Hier ist es von entscheidender Bedeutung, dass jeder einzelne Punkt gesondert formuliert und begründet wird – nicht zuletzt, weil sich im schlimmsten Fall immer noch eine juristische Auseinandersetzung anschließen könnte. Dennoch ist es unklug und nicht zu empfehlen, bereits in dieser frühen Phase mit juristischen Konsequenzen zu drohen.

Im Mediationsverfahren ist es hilfreich, wenn man nicht als Individuum, als „Otto Normalanwender" an den Seitenbetreiber herantritt, sondern den Status und den Auftritt eines professionellen Unternehmens mitbringt. Man bringt damit die Reputation eines unabhängigen Dritten mit ein und kann im Mediationsprozess mehr erreichen. Selbst eine einfache Mediation erfordert allerdings einen hohen Recherche- und Argumentationsaufwand. Insofern sollte abgewogen werden, ob der angerichtete Schaden tatsächlich so schlimm ist, um diesen hohen Aufwand zu rechtfertigen. Kommt eine Mediation infrage? Welche Chancen hat sie? Die eigene Glaubwürdigkeit als Betroffener spielt hierbei ebenfalls eine große Rolle.

Oft genug ist es ausreichend, im Zuge einer Mediation einen vernünftigen Ausgleich zwischen den Interessen des Klienten und den Interessen eines Seiten-Betreibers zu finden. Manchmal sind allerdings auch aktive Schritte gefordert. Hier gibt es deutliche Unterschiede zwischen dem Personal Reputation Management und dem Reputationsmanagement für Unternehmen und Institutionen.

Personal- und Corporate Reputation Management

Stellen wir uns etwa einen Studenten der Betriebswirtschaft vor, der nach einem normalen Schüler- und Studentendasein nun seine erste berufliche Station – vielleicht gar in einer renommierten Unternehmensberatung – antritt: Natürlich ist es nicht weiter schlimm, wenn eine Google-Suche ergibt, dass er als Schüler, als Student nebenbei Bassist in einer regional bekannten Punkband war, dennoch müssen solche Fundstücke ja nicht unbedingt ganz oben unter den Suchergebnissen auftauchen. Ähnliche Sorgen können auch bewährte Manager haben, die sich plötzlich in einer neuen Position oder gar einer anderen Branche etablieren wollen.

Um beispielsweise das Online-Image einer Person um eine neue Facette, also die neue Position oder den ersten richtigen Job zu erweitern, muss es mit neuen Inhalten gefüllt werden. Die ersten aktiven Schritte sind die eigenen Präsenzen in Business-orientierten Social-Media-Netzwerken oder die aktive Teilnahme in den branchenspezifischen Expertenportalen. Zudem besteht auch die Möglichkeit, eigene Inhalte zu kommunizieren. Dies könnte etwa in Form von Fachbeiträgen in Foren oder gar auf einem eigenen Blog geschehen. Im Idealfall lässt sich eine Kompetenz, die sich diese Person in der Offline-Welt längst erworben hat, in die Online-Welt übertragen.

Mit ähnlichen Mitteln lässt sich das Online-Image einer Person auch dann verbessern, wenn es nicht allein darum geht, die Person in einer neuen – gewissermaßen aktualisierten – Position aufzustellen, sondern auch in ihrer gesellschaftlichen Stellung: Hier wäre ein aktives und sichtbares Engagement im sozialen oder kulturellen Bereich denkbar. Idealerweise lassen sich Kompetenz und Engagement eins zu eins aus dem richtigen Leben ins Internet übertragen.

Grundsätzlich gibt es im persönlichen Reputationsmanagement kaum Unterschiede zwischen Online- und Offline-Welt: In beiden Fällen geht es darum, sich einen Ruf aufzubauen und diesen durch persönliches Engagement positiv zu gestalten. Lediglich die Transmission zwischen den beiden Welten muss stimmen.

Ungleich komplexer ist es, wenn die Reputation von Institutionen, Unternehmen oder ihren Produkten und Dienstleistungen angegriffen wird. Das liegt nicht zuletzt daran, dass Einzelpersonen meist sensibler und sehr viel früher auf Attacken reagieren als Unternehmen und Institutionen, die ihre Gegenmaßnahmen häufig zu spät einleiten.

Dann ist plötzlich höchste Eile angezeigt, denn der Reputations-Ernstfall dringt in vielen Fällen erst dann ins Bewusstsein, wenn die Umsatzzahlen plötzlich nicht mehr stimmen. Jetzt kommt es darauf an, sofort positive Inhalte zu generieren, zu platzieren und zu kontrollieren, denn nur so verschafft man sich die nötige Zeit, um angemessene und wirksame Maßnahmen in die Wege zu leiten.

Gleichzeitig ist die Reputation eines Unternehmens oder gar einer Institution ungleich komplexer und vielschichtiger, als dies bei einer einzelnen Person der Fall ist. Hier gilt es im Reputations-Ernstfall eine Vielzahl verschiedener Prozesse, Abteilungen und hierarchischer Strukturen zu analysieren. Ebenso ist die Zahl der zu bedienenden Kanäle deutlich größer: Anders als Einzelpersonen sind Organisationen gefordert, möglichst alle relevanten Kommunikationskanäle zu besetzen. Das „Abschalten" oder Unterdrücken bestimmter Kanäle ist in aller Regel kontraproduktiv – wie wir etwa am Beispiel der Bahn AG oder des Nestlé-Konzerns gesehen haben. Stattdessen müssen klare Zuständigkeiten und Guidelines für den Umgang mit den relevanten Plattformen definiert werden, damit die Kommunikation auf digitalem Wege gezielt erfolgen kann. Es müssen nicht zuletzt auch neue Strukturen geschaffen werden, denn die Reputation eines Unternehmens ist ebenso wenig allein in der Marketing- oder PR-Abteilung anzusiedeln wie im Vertrieb, der Entwicklung oder im Kundenservice: Vielmehr geht es um eine gemeinsame interdisziplinäre Anstrengung, die vom Management koordiniert werden muss.

Search-Engine-Optimierung

Um im Reputations-Ernstfall die erforderlichen Maßnahmen einzuleiten, hilft nur die klassische Abwehrmaßnahme: die Verdrängung. Denn Google-Ergebnisse lassen sich nicht einfach löschen. Es geht darum, dass man alles daransetzen sollte, positiven Content zu erstellen und so effektiv zu platzieren – also mit der erforderlichen Suchmaschinen-Relevanz auszustatten –, dass die negativen Einträge zumindest von den ersten beiden Suchergebnis-Seiten bei Google nach hinten verschoben werden.

Wie aber funktioniert das? Grundsätzlich gilt es, das Online-Erscheinungsbild des Unternehmens zu optimieren, also „reputationsfördernde" Inhalte zu generieren und zu verteilen. Dazu bieten sich zwei Optionen: Man kann diese Inhalte auf eigenen Kanälen platzieren, oder aber auf fremden Kanälen.

Ebenso wichtig ist, dass bestimmte technische Aspekte berücksichtigt werden, denn das Ziel der positiv konnotierten Seite ist, ein möglichst hohes Ranking in den Suchmaschinen zu erreichen. Von besonderer Bedeutung ist die sogenannte „Keyword-Density", also die Abstimmung der Inhalte auf die Keywords der Suchmaschinen, sowie die Häufigkeit dieser Keywords im Verhältnis zum gesamten Textvolumen.

Dabei reicht es allerdings nicht aus, das gewünschte Keyword möglichst häufig im Text auftauchen zu lassen: Die Bots und Crawler, mit denen die Suchmaschinen Internet-Seiten ausforschen, sind zwar einigermaßen schlicht gestrickte Programme (sonst könnten sie nicht so effizient arbeiten), doch die Algorithmen, die deren Ergebnisse auswerten, sind dies keinesfalls: Stellen sie beispielsweise fest, dass das Keyword „Schweineschwarte" in einem Text, der 100 Wörter umfasst, genau 100mal auftaucht, wittern selbst Computer-basierte Algorithmen Unrat und reagieren entsprechend. So geht es bei der Text-Optimierung nicht um eine hohe Keyword-Density, sondern um die richtige Zusammenstellung dieser Keywords. Natürlich gibt es zahlreiche weitere technische Aspekte, die es bei der Search-Engine-Optimierung zu beachten gilt. Etwa das „Tagging" und „Meta-Tagging" der Inhalte – also die Auszeichnung des Seiten-Quellcodes mit bestimmten Zusatzinformationen, nach denen die Bots der Suchmaschinen gezielt fahnden.

All dies ist zwar kompliziert, aber es ist auch kontrollierbar, denn so lässt sich steuern, unter welchen Suchwörtern eine Seite in den Suchmaschinen gelistet werden soll: Wenn eine Seite etwa „Schokoladenkuchenrezepte.de" heißt, sich aber dennoch hauptsächlich mit Christbaumkugeln beschäftigt, wird sie unter dem Suchwort „Christbaumkugel" gelistet werden.

Leider lassen sich nicht alle Kriterien, die das Ranking eines Suchergebnisses beeinflussen, auf diese Weise kontrollieren. So ist es für Suchmaschinen beispielsweise auch sehr wichtig, mit welcher Regelmäßigkeit eine Seite aktualisiert wird – und wie lange sie bereits online ist. Auch wenn man leicht dafür sorgen kann, dass die eigene Unternehmens-Seite regelmäßig mit neuen Inhalten bestückt wird, kann man dagegen deren Alter (also den Zeitraum, seitdem sie online ist) kaum beeinflussen. Hier besteht allenfalls – und auch nur in seltenen Fällen – die Möglichkeit, eine Online-Präsenz käuflich zu erwerben, die bereits einige Zeit im Internet existiert.

All diese Aktivitäten und Mühen verfolgen ein Ziel: eine möglichst gute „SERP"-Position (Search Engine Results Page), also ein möglichst hohes Ranking zu erhalten. Zweifellos ist dies möglich, doch bedarf es auch einiger Geduld: Erfahrungsgemäß dauert es im Idealfall mindestens sechs Monate, ehe eine neu erstellte Internetseite ein ordentliches Ranking innerhalb der SERPs erreicht hat. Das hängt von den Faktoren Konkurrenz, Seitenführung und dem Budget des Betreibers ab.

Selbst wenn diese Spitze der SERPs erreicht ist, bleibt immer noch ein kleines Problem: Zwar hat die Seite die erste Position unter den Suchmaschinen-Ergebnissen eingenommen, doch gleich darunter – auf Platz zwei – befindet sich vielleicht immer noch ein inkriminierender Eintrag, eine negative Fundstelle.

Es ist eine Reihe technischer Finessen zu beachten, die denen der optimalen Keyword-Density nicht unähnlich sind. Beispielsweise unterscheiden die Such-Algorithmen bei der Verlinkung einer Seite zu anderen Online-Inhalten zwischen zwei verschiedenen Link-Varianten: Follow-Links und No-Follow-Links. Während Erstere unmittelbar dazu führen, dass der entsprechende Link aktiv nach außen verfolgt wird, wird Letzterer nicht verfolgt und findet deutlich weniger Beachtung im SERP-Ranking als ein Follow-Link. Ist es deshalb sinnvoll, eine Seite in kürzester Zeit mit einer großen Anzahl an Follow-Links zu versehen? Wenn eine neugestaltete Webpräsenz plötzlich zu viele – auf diese verweisende – Links erhält, gehen die Algorithmen abermals von Manipulation in Form von „Link-Spamming" aus, was das Ranking negativ beeinflusst.

Web-Entwicklung

Entscheidend für die erfolgreiche Nutzung eigener Online-Kanäle ist die professionelle Web-Entwicklung. Hier geht es darum, wie Internet-Anwender ein Unternehmen „sinnlich" wahrnehmen, sowie auch um Faktoren wie Benutzerführung (Usability) und eine einwandfreie technische Umsetzung. Web-Entwicklung findet sich in allen Maßnahmen des Online-Reputationsmanagements wieder: in der Gestaltung von Unternehmenswebseiten, in der Entwicklung von Social-Media-Kanälen, aber zum Beispiel auch in der Programmierung von Tools zur Überwachung der Online-Reputation.

Ausschlaggebend sind wiederum drei ebenfalls reputationsbildende Faktoren, mit denen sich die Wirksamkeit eigener Kanäle bewerten lässt: Im Kern handelt es sich um die funktionale, die expressive und schließlich auch die soziale Reputation einer Webseite.

Diese Faktoren steuern das Erscheinungsbild einer Privatperson, eines Unternehmens oder einer Institution auf den eigenen Kanälen und sind insofern reputationsrelevant – in etwa, wie die Kleidung, das Auftreten und das Benehmen eines Menschen im richtigen Leben einigen Aufschluss über seine Person geben mögen.

Von diesen drei Faktoren ist die soziale Reputation wahrscheinlich diejenige, die am einfachsten innerhalb der Webentwicklung angesprochen werden kann, denn es geht letztlich „nur" darum, sichtbar zu machen, welche Richtlinien sich ein Unternehmen im Rahmen seiner sozialen Verantwortlichkeit (Corporate Social Responsibility) gesetzt hat: Welche Spielregeln gelten für den Umgang mit Mitarbeitern, wie geht man mit den „Stakeholdern" um, welchen Regeln folgt die Corporate Governance? Hier muss sichtbar werden, dass ein Unternehmen seine Corporate Social Responsibility ernst nimmt. Wie gesagt: Das ist keine sehr schwierige Aufgabe – sofern das Unternehmen entsprechende Richtlinien hat und diese einhält.

Ausgesprochen kompliziert ist es dagegen, die funktionale und die expressive Reputation des eigenen Online-Auftritts zu transportieren. Bei der funktionalen Reputation handelt es um die Vermittlung von Kompetenz und Wissen. Besonders im Unternehmensumfeld ist es unabdingbar, die vorhandenen Kompetenzen nach außen hin zu vermitteln.

Kompetenz lässt sich am besten durch Belege stützen, zum Beispiel in Form von Presseberichten, eigenen Veröffentlichungen, Vorträgen oder Auszeichnungen. Auch Referenzkunden und -projekte wirken sich positiv auf die Vermittlung von Kompetenz und Glaubwürdigkeit aus.

Ebenso gibt es im Bereich der Wissensvermittlung zahlreiche Möglichkeiten, Kompetenz zu signalisieren. Das beginnt bei einem Glossar zu Fachbegriffen, geht über die Publikation von Präsentationen über Media-Sharing-Portale weiter und gipfelt in der Durchführung und regelmäßigen Bereitstellung von Studien. Neben der Darstellung der Fähigkeiten des Unternehmens werden so weitere Anreize für die Anwender geschaffen, die Webseiten eines Unternehmens zu besuchen.

Bleibt schließlich die expressive Reputation einer Webseite. Um im Bild zu bleiben, haben wir es hier mit der Kleidung, der Frisur, der Körperpflege eines Menschen zu tun. Das mag banal klingen, doch auch im richtigen Leben sind dies die Eindrücke, die uns in Sekundenbruchteilen den ersten und damit wichtigsten Eindruck unseres Gegenübers vermitteln.

In der Online-Welt sind dies einerseits optische Elemente wie die Gestaltung, der Wiedererkennungswert oder das farbliche Design einer Seite: Eine solide, ästhetisch ausgewogene Seitengestaltung ist tatsächlich ein wesentlicher Träger für die Glaubwürdigkeit, die ein Online-Auftritt vermittelt. Hierzu tragen zu einem nicht unwesentlichen Teil auch Bilder des Firmensitzes, der Geschäftsführung und der Mitarbeiter bei.

Auf der anderen Seite sind es natürlich auch die Inhalte, also die Texte, die die expressive Reputation einer Seite ausmachen: Selbstverständlich müssen sie klar und aussagekräftig sein, doch geht es nicht allein um die „literarische" Qualität der Texte.

In der Entwicklung von Unternehmenswebseiten stellen sich diverse Anforderungen an die Inhalte. So erwarten die verschiedenen Anspruchsgruppen zum Beispiel möglichst aussagekräftige Unternehmensinformationen (wie Umsatzzahlen oder Kursentwicklungen der Aktien), Presseinformationen, ein Unternehmensleitbild und nicht zuletzt natürlich eine ausführliche Darstellung der Produkte und Dienstleistungen. Alle Anspruchsgruppen mit den richtigen Informationen zu versorgen verlangt eine professionelle Konzeption und eine stringente redaktionelle Pflege einer Webseite.

Auch geht es um das, was Software-Entwickler gemeinhin als „Usability" bezeichnen: Finde ich die Informationen, die ich suche? Wie lässt sich die Webseite bedienen? Ist sie übersichtlich aufgebaut, hat sie eine nachvollziehbare Gliederung und Struktur, gibt es eine Suchfunktion, stimmt die Schriftgröße? All diese Elemente müssen bedacht werden, denn diese Faktoren haben einen Anteil an der Glaubwürdigkeit, die ein Online-Auftritt haben soll.

Weitere Optionen zur Search-Engine-Optimierung sind nicht zuletzt auch vom jeweils betroffenen Unternehmen abhängig: So ist es in manchen Fällen denkbar, ein eigenes Kundenportal aufzubauen, in dem Fragen, Anregungen und Beschwerden formuliert werden können. Dies eröffnet nicht nur die Chance, in direkten Kontakt mit der Klientel zu kommen – wie wir etwa am Beispiel Dell gesehen haben. Zudem können hier negative Kundenmeinungen eingesammelt und bearbeitet werden, die dadurch erst gar nicht den Weg auf die unterschiedlichsten Bewertungsportale finden.

Ein Konglomerat verschiedener Online-Kanäle bietet nicht nur gute Aussichten, eine Reputations-Attacke unter Kontrolle zu bringen, es ist auch der beste Schutz gegen solche Angriffe, sofern die eigenen Online-Kanäle rechtzeitig – also vor der Attacke – genutzt werden.

Online-PR

Wie wir gesehen haben, bietet die Streuung reputationsrelevanter Inhalte über eigene Kanäle den Vorteil, dass sie eine sehr hohe Kontrolle über die eigenen Inhalte ermöglicht. Allerdings sind die Möglichkeiten, ausschließlich eigene Kanäle zu bespielen, begrenzt. Damit ist ihr Nachteil ebenso offensichtlich: Um auf diese Weise die gewünschten Erfolge zu erreichen, benötigt man Zeit – Zeit, die nicht verfügbar ist, wenn ein Unternehmen erst einmal unter Beschuss steht.

Um innerhalb kurzer Zeit eine breite Streuung positiver Inhalte zu erreichen, müssen also auch fremde Kanäle genutzt werden. Hier bieten sich in erster Linie journalistische Veröffentlichungen und Online-PR-Maßnahmen an. Professionelle journalistische Beiträge stellen zwar nur einen sehr geringen Teil der Internet-Inhalte dar, doch genießen sie bei den Suchmaschinen-Algorithmen die höchste SERP-Relevanz. Ihr Nachteil ist ebenso deutlich sichtbar: Zunächst einmal unterliegen die Inhalte dieser Beiträge nicht mehr der Kontrolle eines Unternehmens, sondern der Kontrolle einer Redaktion, auf die sich – wenn überhaupt – nur sehr schwer Einfluss nehmen lässt. Dies kann sogar ein weiteres Reputations-Risiko darstellen, denn ein Journalist, der eine Pressemitteilung auf den Tisch bekommt, wird zunächst eine erste und rasche Recherche starten, um die Relevanz dieser Mitteilung besser beurteilen zu können.

Auch diese erste kurze Recherche beginnt meist damit, dass der Firmenname in Google eingegeben wird. Wenn sich hier an oberster Stelle eine ganze Reihe negativer Treffer befindet, könnte dies den Journalisten dazu veranlassen, die Pressemitteilung einfach zu löschen und nicht weiter zu verfolgen. Und das ist noch der beste Fall: Ebenso gut kann es passieren, dass der Journalist angesichts der vorgefundenen Suchergebnisse eine gute Story wittert. Vergessen wir nicht, dass gute Storys wie gute Klatschgeschichten meist auf schlechten Nachrichten beruhen. So ist nicht auszuschließen, dass eine klassische PR-Kampagne genau das Gegenteil von dem bewirkt, was sie eigentlich bezwecken sollte.

Selbst wenn wir dieses Risiko auf uns nehmen, sind die praktischen Probleme solcher Aktionen noch nicht geklärt. Sie bestehen in erster Linie darin, dass sich die Medien, deren Wirtschafts- und Unternehmensnachrichten die höchste Reputation genießen, nur in sehr seltenen Ausnahmefällen für die Geschicke kleiner und mittlerer Unternehmen interessieren. Dasselbe gilt nebenbei gesagt auch für das persönliche Reputationsmanagement: Nur wenige Personen sind prominent genug, um das Interesse der Medien auf sich zu lenken. Und ob sie diese Prominenz tatsächlich genießen, ist fraglich – wenn erst einmal ein Ernstfall eingetreten ist.

Glücklicherweise gibt es nicht nur die etablierten Print-Medien und ihre jeweiligen Online-Ausgaben, sondern auch Online-PR-Kanäle, die leichter erreichbar sind als etwa das „Handelsblatt", die „Frankfurter Allgemeine Zeitung" oder die „Financial Times Deutschland": Inzwischen gibt es eine große Zahl von PR-Portalen, die auch Pressemitteilungen von kleinen und mittleren Unternehmen berücksichtigen. Manche dieser Portale lassen sich das Einstellen einer Pressemitteilung zwar vergüten, doch sind diese Beträge vergleichsweise gering.

Zwar genießen diese PR-Portale nicht dasselbe hohe Ranking wie die redaktionellen Inhalte etablierter Medien, doch werden sie von den Suchmaschinen durchaus als redaktionelle Inhalte wahrgenommen und entsprechend – gerade kurzfristig im Newsbereich – bevorzugt gelistet. Zudem weisen diese Portale einen weiteren, nicht zu unterschätzenden Vorteil auf: Es gibt sehr viele davon. Eine Pressemitteilung, die auf beispielsweise 20 verschiedene Portale gepostet wird, erzeugt folglich 20 unterschiedliche Suchmaschinen-Treffer.

Natürlich gilt für die eingestellten Nachrichten dasselbe, was wir weiter oben über die Texte gesagt haben, die auf den eigenen Kanälen veröffentlicht werden: Auch sie müssen gut geschrieben und – vor allem – Suchmaschinen-relevant optimiert sein, um von den „News-Bots" der Suchmaschinen wie gewünscht berücksichtigt zu werden. Diese Optimierung lässt sich jedoch unter denselben Bedingungen realisieren wie bei Texten, die auf eigenen Kanälen veröffentlicht werden, denn redaktionelle Eingriffe in die hier eingestellten Texte finden nicht statt. Dabei darf allerdings nicht übersehen werden, dass eine Pressemitteilung, die einmal auf einem dieser Portale steht, oft genug nicht mehr zurückgeholt werden kann. Die Kontrolle über diese Nachrichten endet genau in dem Moment, in dem sie ihr Ziel erreicht haben.

Auch eine Ebene „unterhalb" der PR-Portale finden sich Möglichkeiten, Online-PR-Maßnahmen aufzusetzen, denn auch die verschiedenen Social-Media-Plattformen ermöglichen die Veröffentlichung von Presse-Informationen. Wieder gilt, was bereits für die PR-Portale von Bedeutung war: Ein Suchtreffer hier wird abermals niedriger gewichtet, doch erreicht auch er immer noch ein höheres Ranking als ein beliebiger negativer Eintrag auf einer normalen Blog-Seite. Und auch dort unterliegen Formulierung und Inhalte in aller Regel der Kontrolle des Urhebers – bis sie einmal „raus" sind.

Der Vorteil der Social-Media-News-Kanäle besteht darin, dass es sehr einfach ist, Nachrichten innerhalb dieser Plattformen weiterzuverbreiten. Unternehmens-Informationen, die zum Beispiel auf Twitter per „Re-Tweet" weitergeleitet werden, sorgen in erster Linie für Masse – auch in den Suchmaschinen-Ergebnissen.

Ausschlaggebend für den Erfolg von Online-PR-Maßnahmen ist – wie im klassischen Marketing – der richtige Media-Mix: Mit einer optimalen Mischung verschiedener PR-Portale und Social Media Channels (und einer entsprechend optimierten Nachricht) lassen sich in kürzester Zeit Google-Referenzen in fünfstelliger Höhe erreichen. Gleichzeitig hat diese hohe Trefferzahl auch einen signifikanten Einfluss auf die SERPs.

Allerdings haben Online-PR-Maßnahmen einen Nachteil: Sie haben ein Verfallsdatum, das recht knapp bemessen ist – sieht man mal von Nachrichten ab, die es tatsächlich in die redaktionell erstellten Medien schaffen. Um einen nachhaltigen Effekt zu erzielen, müssen diese Aktionen regelmäßig wiederholt werden. Sonst läuft man Gefahr, dass der positive Effekt in einer oder zweier Wochen verpufft.

Der Vorteil liegt auf der Hand: Die auf diese Weise generierte Masse von Suchergebnissen sorgt in aller Regel dafür, dass die dritte, vierte oder weitere Seiten der Google-Suchergebnisse erst einmal gut gefüllt werden und es negativen Nachrichten deutlich schwerer fällt, eine hohe Suchmaschinenpositionierung zu erreichen. Dennoch besteht noch immer das Risiko, dass die ursprünglichen Negativ-Nachrichten eine zu starke Suchmaschinengewichtung haben, um auf die hinteren Plätze im Suchranking verdrängt zu werden.

Schließlich sollte nicht unerwähnt bleiben, dass sich mit Online-PR-Maßnahmen ein hoher Aufwand verbindet, der sich gerade bei internationalen Aussendungen auch auf der Kostenseite bemerkbar macht.

Online-PR-Aktionen können also als wichtiges und effizientes Werkzeug eingesetzt werden, wenn es um ein akutes Reputationsproblem geht: Mit diesen Maßnahmen kann man sich zumindest Zeit erkaufen – Zeit, die man dringend benötigt, um eine nachhaltigere Strategie zu entwickeln und umzusetzen.

Dennoch muss hier auch erwähnt werden, dass Online-PR-Maßnahmen nie risikofrei sind: Dies zeigte sich etwa, als bekannt wurde, dass die Deutsche Bahn AG im Rahmen eines Lokführer-Streiks unlautere PR-Methoden im Internet eingesetzt hatte. Unter anderem waren hier bezahlte Beiträge anonym in Internet-Foren platziert worden, um für positive Stimmung (im Sinne der Bahn) zu sorgen, wie der Deutsche Rat für Public Relations anmahnt. Der Glaubwürdigkeit des Unternehmens hat dies nicht genutzt.[92]

Black SEO

Nachdem wir einige Maßnahmen kennengelernt haben, mit denen sich die Reputation einer Person oder eines Unternehmens kurz-, mittel- und auch langfristig positiv beeinflussen lässt, wird es allmählich Zeit für die schlechte Nachricht. Sie kennen nun durchaus effiziente Werkzeuge, mit denen sich Reputations-Attacken abwehren lassen, doch unglücklicherweise stehen diese Werkzeuge auch der Gegenseite zur Verfügung.

Alle Mittel, die uns zur Verfügung stehen, unsere Online-Reputation positiv zu beeinflussen, stehen auch jenen zur Verfügung, die unseren Ruf schädigen wollen. Die noch schlechtere Nachricht: Gerade jene Rufmörder, die nicht aus – möglicherweise fehlgeleitetem – gutem Willen oder purer Ignoranz agieren, sondern weil sie von krimineller oder gar psychotischer Motivation geleitet werden, haben nicht die geringsten Hemmungen, diese Mittel mit aller Macht zu nutzen.

So gibt es nicht nur die Search Engine Optimization (SEO), sondern leider auch die sogenannte „Black SEO"[93] – die „dunkle Seite der Macht", wenn Sie so wollen. Hier kommen im Grunde dieselben Methoden zum Einsatz, die Sie oben kennengelernt haben.

Kaum etwas hält einen Rufmörder beispielsweise davon ab, unter der Domain „kinderschaender.de" eine Hass-Seite ins Netz zu stellen, auf der eine Person oder ein Unternehmen massiv diffamiert werden. Will er dieser Seite ein hohes Ranking mitgeben, so kann er seit geraumer Zeit auf spezialisierte Tools zurückgreifen, die ein sogenanntes „Link Spamming" vollautomatisch übernehmen. Hierdurch werden Tausende von Foren und Blogs dazu missbraucht, einen Link auf diese Seite zu verfolgen, was die ursprüngliche Seite wiederum stärkt.

Ein zu allem entschlossener Rufmörder kann ebenso gut Hunderte oder gar Tausende Diffamierungen gegen eine Person oder eine Firma auf nahezu jeden beliebigen Blog dieser Welt posten: Längst gibt es Tools, die selbst einen „Capture Code" mit Leichtigkeit überwinden und automatisch Accounts auf den verschiedenen Plattformen oder Blogs einrichten. So lässt sich sogar das Posting von Diffamierungen automatisieren. Auf diese Weise ist es kein Problem, binnen weniger Stunden eine sechsstellige Zahl negativer Treffer zu erzeugen.

Ebenfalls recht beliebt ist das sogenannte „Cloaking". Hier werden dem Besucher und dem Webcrawler unterschiedliche Inhalte angezeigt. Der Besucher sieht einen harmlosen Inhalt und hat keinerlei Grund zur Klage, während dem Webcrawler der reputationsschädigende Content, meist diffamierende Inhalte, präsentiert wird. Dieser wird dann von den Suchmaschinen indiziert.

Es gibt also eine ganze Reihe von grauen oder schwarzen Methoden, mit denen es ohne weiteres möglich ist, auch inkriminierende Inhalte in Rekordzeit auf die Top Ten der SERPs zu katapultieren. Wer sich bei solchen Aktionen erwischen lässt, kann dauerhaft abgestraft werden. Doch das schreckt im Zweifelsfall einen entschlossenen Rufmörder nicht ab.

Ist Google böse?

Am Ende dieses Kapitels mag sich bei Ihnen der Eindruck eingestellt haben, dass es beim Reputation Management in erster Linie darum gehen mag, sich gegen Google zu wehren. Dieser Eindruck ist falsch und basiert lediglich darauf, dass Google hierzulande die populärste – wenn nicht die einzige – tatsächlich genutzte Suchmaschine und damit der beste Indikator und Verbreiter für Rufmordattacken ist.

Dabei dürfen wir nicht vergessen, dass Google keine „Höhere Gewalt" oder eine moralisch legitimierte Institution ist, sondern ein Unternehmen, das wie jedes andere Unternehmen auch das Interesse verfolgt, den eigenen Unternehmenswert zu steigern. Deshalb hat auch Google ein lebhaftes Interesse an seiner eigenen Reputation.

Für den Google-Algorithmus bedeutet dies, dass auch er die Reputation der jeweiligen Quellen in Rechnung zieht. Auch Google reagiert also auf Reputation. Konkret gesagt: Google selbst führt Buch über dubiose Webseitenbetreiber und berücksichtigt die hier verzeichneten Erkenntnisse im Suchmaschinenranking.

Google hat außerdem einen „Code of Conduct": Einen klar definierten Satz von Spielregeln, die es zu beachten gilt, wenn man im Verhältnis zu Google Wert auf seinen guten Ruf und angemessene Berücksichtigung im SERP-Ranking legt. Aktionen wie Link-Spamming oder Cloaking sind eindeutig ausgeschlossen und stehen unter Strafe. Höchststrafe ist die dauerhafte Tilgung aller einschlägigen Web-Seiten aus dem Google-Index. Solche Seiten lassen sich zwar immer noch erreichen, indem man ihre URL in die Adresszeile des Browsers eintippt, über Google hingegen sind sie nicht mehr zu finden.

An dieser Stelle greift schließlich auch die Unterscheidung zwischen schwarzer, grauer und weißer Suchmaschinen-Optimierung. Unter Black HAT SEO, also schwarze Suchmaschinen-Optimierung, fallen alle Versuche, Google zu manipulieren. Dabei gibt es Methoden, die so plump sind, dass die Bots und Algorithmen der Suchmaschine die Manipulation bemerken: In solchen Fällen wird Google von sich aus aktiv und verbannt die Seiten automatisch aus dem Index.

Während Black SEO im Google-Regelwerk damit den Status eines Offizialdeliktes hat, bei dem die Strafverfolgung automatisch startet, wenn der Verstoß bekannt wird, nimmt die graue Suchmaschinen-Optimierung gewissermaßen den Rang eines Antragsdeliktes ein. Solche Taten werden lediglich auf Antrag verfolgt. Doch auch diese Prozesse sind hinreichend geregelt. Falls Sie Anlass zur Vermutung haben, dass beispielsweise Ihre Konkurrenten unlautere Mittel bei der Suchmaschinen-Optimierung einsetzen, müssen Sie bei Google nur ein entsprechendes Formular ausfüllen, und schon prüft Google die Angelegenheit. Daraufhin werden die Mitbewerber-Webseiten zeitweise aus dem Index entfernt, bis der Vorwurf untersucht ist. Das dauert in aller Regel zwei bis drei Tage. Anschließend wird die Seite entweder endgültig getilgt, oder – wenn sich die Vorwürfe als unbegründet herausgestellt haben – sie erscheint wieder im Google-Index.

So wehren Sie sich als Opfer

Das Internet – ein rechtsfreier Raum ?

Wie wir gesehen haben, gibt es eine Reihe von Maßnahmen, mit deren Hilfe man sich gegen Rufmord im Internet wehren kann, indem man sich auf die Google-Suchergebnisse konzentriert. Welche Maßnahmen sind tatsächlich praktikabel? Leider ist eine pauschale Antwort – wie etwa „100 Tricks zu Optimierung Ihrer Online-Reputation" – nicht möglich, denn es geht stets um individuelle Fälle, in denen spezifische Maßnahmen bewertet werden müssen.

Der erste Weg wird Online-Rufmord-Opfer zweifellos zum Anwalt führen, denn „üble Nachrede" ist laut §186 StGB strafbar.[94] Leider wird dies nur in den seltensten Fällen helfen, denn das deutsche Strafrecht endet – wie jedes andere deutsche Gesetz auch – an der Landesgrenze. Juristische Hilfe gibt es nur in den seltenen Fällen, in denen die Täter innerhalb der Bundesrepublik dingfest gemacht werden können.

Formal betrachtet ist das Internet in der deutschen Gesetzgebung und Rechtsprechung zwar kein rechtsfreier Raum, wie Hagen Hild erklärt: Mittlerweile liege in den meisten Fällen von Rechtsverletzungen eine gefestigte Rechtsprechung vor. Der renommierte Augsburger Fachanwalt für IT-Recht und Gewerblichen Rechtsschutz weist allerdings auch darauf hin, dass es das Internet Tätern ermöglicht, ihre Identität zu verschleiern und hinter der Maske der Anonymität leicht und schnell eine kaum überschaubare Zahl von Rechtsverletzungen zu begehen. Extrem verstärkt werde dies nicht zuletzt durch das Social Web. Dessen Prinzip sei einerseits geprägt durch die Anonymität der Nutzer, andererseits durch die Übernahme und Multiplikation von Inhalten. Hinzu komme, dass diese Ergebnisse bei Suchmaschinen wie Google überproportional gut gelistet werden und es den Tätern so ermöglicht wird, rechtsverletzende Inhalte unter die ersten Ergebnisse einer Google-Suche zu platzieren.

Extrem erschwert wird die Rechtsverfolgung dadurch, dass Inhalte beispielsweise bei ausländischen Webseiten-Betreibern eingestellt sind und auf diesen Webseiten oftmals keinerlei Kontaktmöglichkeit zum Betreiber der Seite besteht. Diese Betreiber, so Hild, berufen sich meist auf eine angebliche Meinungsfreiheit – insbesondere wenn sie sich im US-amerikanischen Raum bewegen. Hier ist es oftmals nicht möglich, den Betreiber der Webseite zu ermitteln und dementsprechend gerichtlich gegen diesen vorzugehen. Darüber hinaus warnt Hild, dass die Kosten in solchen Fällen schnell explodieren können – sei es durch weite Wege, schwierige Rechtsverfolgung und/oder hohe Aufwände für Übersetzungen. Insofern könne dies dazu führen, dass eine Rechtsverfolgung des Verstoßes zwar theoretisch leicht möglich ist, eine Rechtsdurchsetzung de facto aber unmöglich wird.

Grundsätzlich, so Hild weiter, gilt bei Rechtsverletzungen im Internet das Recht des Staates des Verletzten. Bei Persönlichkeitsverletzungen im Internet sind also deutsche Gerichte zuständig. Dabei gelte es aber, die widerstreitenden Interessen, also etwa das Interesse des Klägers an der Achtung seines Persönlichkeitsrechts auf der einen Seite und andererseits das Interesse des Beklagten an der Gestaltung seines Internetauftritts oder an einer Berichterstattung abzuwägen. Allein die Tatsache, dass eine Webseite im Internet aufgerufen werden kann, reiche da nicht aus. Vielmehr müsse die beanstandete Aussage im konkreten Fall jeweils über die bloße Abrufbarkeit des Angebots hinausgehen. Konkret heißt das, dass etwa die Wahl einer Top-Level-Domain wie „.de" für Deutschland ausschlaggebend sein kann.

Sind diese Rahmenbedingungen allerdings gegeben, ist es durchaus nicht unmöglich, Google in die Pflicht zu nehmen, wie Hild erklärt: „Auch diese Suchmaschine ist haftbar, wenn über ihre Ergebnislisten rechtsverletzende Inhalte transportiert werden. Dazu ist es zunächst erforderlich, Google über diese Inhalte zu informieren und eine Frist zur Entfernung zu setzen. Werden die inkriminierenden Inhalte innerhalb dieser Frist nicht entfernt, kann man gegen sie vorgehen – etwa im Rahmen einer einstweiligen Verfügung."

Allerdings warnt Hild eindringlich davor, entsprechende Schritte ohne anwaltlichen Beistand zu unternehmen. Hier besteht nämlich die grundsätzliche Gefahr, dass juristisch relevante Fristen versäumt werden. Um etwa eine einstweilige Verfügung erwirken zu können, darf eine Frist von einem Monat ab der Kenntnisnahme des Rechtsverstoßes nicht überschritten werden, gegebenenfalls verlangen die Gerichte noch kürzere Reaktionszeiten. Wer also zu viel Zeit verstreichen lässt, in der er sich allein mit Google, Facebook oder anderen Seitenbetreibern auseinandersetzt, nimmt damit einem Anwalt, den er später zuschaltet, wichtige Handlungsmöglichkeiten aus der Hand und hat seine Rechtsposition damit gravierend verschlechtert.

Auch über diese juristischen Erwägungen hinaus könne es schwer, wenn nicht gar unmöglich werden, sich ohne professionellen Beistand gegen eine Rufmord-Attacke aus dem Internet zu wehren, erklärt Hild. Das beginnt bereits bei der grundsätzlichen Beurteilung der Rechtslage: Liegt überhaupt eine Straftat vor? Dass es hier oftmals deutliche Unterschiede zwischen der „gefühlten" Rechtslage des Opfers und einem justiziablen Tatbestand gibt, haben wir bereits gesehen. Ebenso muss beurteilt werden, inwieweit sich im konkreten Fall die deutsche von der internationalen Rechtssituation unterscheidet und ob es sinnvoll ist, einen international agierenden Anwaltskollegen hinzuzuziehen.

Schließlich muss auch beurteilt werden, in welchem Verhältnis die zu erwartenden Kosten zum erzielbaren Nutzen stehen: Schon Kleinigkeiten können gravierende Konsequenzen haben. So sind beispielsweise die Kosten einer Zwangsvollstreckung im deutschen Recht von der anwaltlichen Gebührenordnung klar festgelegt und überschaubar. Versucht man dagegen einen Rechtstitel im Vereinigten Königreich per Zwangsvollstreckung durchzusetzen, werden die Kosten – nach britischem Usus – auf Stundenbasis abgerechnet und können sich so leicht gegenüber deutschen Rechtsanwaltsgebühren verzwanzigfachen – wenn nicht mehr.

Auch die Verfolgung von Rufmord-Attacken durch Polizei oder Staatsanwaltschaft ist keine triviale Angelegenheit. Zwar sind Delikte wie Beleidigung, Verleumdung und üble Nachrede im StGB als Strafdelikte genannt und können mit einem Strafmaß bis zu fünf Jahren Gefängnis verfolgt werden (sie liegen damit also in etwa im selben Rahmen wie Diebstahlsdelikte). Ebenso unterscheidet das Gesetz nicht, ob Verleumdung, üble Nachrede und ähnliche Delikte online oder offline stattfinden. Dennoch darf man nicht vergessen, dass es sich hier um sogenannte Antragsdelikte handelt, die – daher der Name – nur auf Antrag des Geschädigten verfolgt werden. Der Antrag muss spätestens innerhalb von drei Monaten nach Kenntnis der Tat und des Täters erfolgen. Von sich aus werden die Behörden nur bei sogenannten Offizialdelikten tätig – also beispielsweise bei Kinderpornographie oder Volksverhetzung.

Dabei darf nicht übersehen werden, dass die Strafverfolgungsbehörden im Regelfall selbst dann erst auf Antrag tätig werden, wenn etwa ein Stalker von seinem Opfer behauptet, es betreibe Kinderpornographie[95] oder Volksverhetzung.[96] Denn auch hier handelt es sich um eine Verleumdung, die zu den Beleidigungsdelikten gehört, so dass die Strafverfolgungsbehörde ein Ermessen hat, ob sie die Tat verfolgt und Anklage erhebt. Eine Strafanzeige zu stellen ist einfach, so Hagen Hild.

> „Dazu braucht man lediglich eine Straftat und nach Möglichkeit den Zugriff auf den Straftäter. Deutlich schwieriger ist es jedoch, auf diesen Straftäter auch zuzugreifen."

Selbst wer sich entschließt, auf Strafanzeige, Polizei und Staatsanwaltschaft zu verzichten und die Rettung der eigenen Reputation selbst in die Hand zu nehmen, begibt sich juristisch auf dünnes Eis: Wer beispielsweise seine Kunden auf eigene Faust darüber informiert, dass er aus dem Internet angegriffen wird, sollte sich sehr genau überlegen, was er sagt und über wen er was sagt.

Sieht er sich als Opfer einer Attacke, die etwa von einem Mitbewerber initiiert wird – wie wir wissen, ist das kein Ausnahmefall –, sollte er sich dennoch davor hüten „Ross und Reiter" zu nennen: Wenn nämlich der Angreifer seine Identität – auch nur oberflächlich – verschleiert hat, man selbst aber mit „offenem Visier" in den Kampf zieht, kann es leicht passieren, dass man urplötzlich selbst wegen Wettbewerbsverstößen oder übler Nachrede verklagt wird.

Und auch wenn man seinerseits schlechte Bewertungen über die Konkurrenz ins Internet stellt, besteht akute Gefahr, erläutert Hild: Keinesfalls dürfe man unwahre Tatsachen behaupten, denn auch dies ermögliche dem Gegner, der so zum Opfer wird, juristische Schritte. Ja, selbst wenn man lediglich seine „freie Meinung" äußere, mache man sich leicht angreifbar, denn „Schmähkritik" könne laut Bundesverfassungsgericht als üble Nachrede gelten.[97] Besondere Vorsicht müsse man nicht zuletzt bei Aussagen über Mitbewerber walten lassen, denn hier greife das wesentlich härtere Wettbewerbsrecht.

„Wehret den Anfängen" – dieses auf den ersten Blick abgedroschene Sprichwort passt auch in unserem Zusammenhang. Erst recht in Zeiten, da jedermann mit ein paar wenigen Klicks den Ruf eines anderen Menschen lebenslang schädigen kann. In der Gewissheit, dass das Netz unaufhörlich speichert, sollten Sie in jedem Fall ein paar einfache Regeln beherzigen.

◆ Googeln Sie regelmäßig Ihren eigenen Namen, setzen Sie diesen in Anführungszeichen und geben Sie ihn in die Suchmaske ein.

◆ Füllen Sie im Netz keine Fragebögen aus, geben Sie nie Ihre Handynummer, Ihre Anschrift oder Ihre Kontodaten weiter.

◆ Achten Sie bei Diskussionsbeiträgen in Foren oder Communities darauf, zu welchen Themen Sie sich wie äußern. Tun Sie dies nie unter Ihrem vollen Namen und legen Sie für solche Postings am besten eine eigene E-Mail-Adresse an, die keine Rückschlüsse auf Ihre wahre Identität zulässt. Das gilt im Übrigen auch für die Anmeldung in Netzwerken wie Facebook oder Lokalisten.

◆ Sollte Ihnen eine Ihrer Bemerkungen im Nachhinein doch noch sauer aufstoßen, reagieren Sie prompt: In vielen privaten Foren können Sie Ihre Einträge selbst zurückziehen oder bearbeiten.

◆ Stellen Sie nie Fotos ins Internet, die im Zweifel für andere Zwecke missbraucht werden könnten, wie zum Beispiel Urlaubsfotos in Bikini oder Badehose, extreme Partysituationen etc. Zeigen Sie sich von Ihrer besten Seite.

◆ Sollte einer Ihrer Freunde ein Foto von Ihnen ungefragt in seinem (Facebook-)Profil veröffentlichen, reagieren Sie sofort und bitten Sie ihn, das Bild zu löschen.

◆ Das bedeutet im umgekehrten Fall: Veröffentlichen Sie nie Bilder von Verwandten, Freunden, Kollegen im Netz, ohne dass Sie vorher deren Zustimmung eingeholt haben.

◆ Wann immer Sie ein Passwort benötigen, lassen Sie Ihrer Fantasie freien Lauf: Ein gutes Passwort besteht aus mehreren Groß- und Kleinbuchstaben sowie aus Ziffern und Sonderzeichen – auf den Sinn kommt es hier am wenigsten an.

◆ Gehen Sie mit Ihrem virtuellen Gegenüber genauso um, als würde er im wirklichen Leben vor Ihnen stehen. Persönliche Angriffe in Foren und Chats sind daher absolut tabu.

◆ Lassen Sie bei Ihren Profilen auf Xing oder Facebook große Sorgfalt bei den Voreinstellungen zum Datenschutz walten. Sie persönlich entscheiden, wer wann was über Sie erfährt.

Mit Hilfe dieses kleinen Knigges lassen sich allerdings nur Veröffentlichungen steuern, die man selbst im Netz publiziert hat – vorausgesetzt, man weiß noch, wann und wo man wie durchs World Wide Web gesurft ist. Loggen Sie sich noch einmal ein, und schon können Sie die Daten korrigieren.

Was aber, wenn ich die Einträge Dritter ändern will? Dann wird es kompliziert, auch wenn aktuelle Gesetzentwürfe wie der von Innenminister Thomas de Maizière aus dem Dezember 2010 leise Hoffnung geben.

> „Der Gesetzentwurf [...] soll durch eine Ergänzung des Bundesdatenschutzgesetzes für mehr Selbstbestimmung von Internetnutzern sorgen und sich nicht nur auf einzelne Teilaspekte wie Geodaten oder gar nur auf Google Street View beschränken. Daten, die über eine Person zusammengestellt worden sind, dürfen demnach nur mit Einwilligung des Betroffenen veröffentlicht werden, oder wenn ein klar überwiegendes Interesse an der Veröffentlichung besteht. Der Innenminister spricht hier von einer ,roten Linie‘, die jeder beachten müsse.“[98]

Besonders schwierig wird es für Einzelpersonen, wenn sie sich gegen Einträge zur Wehr setzen wollen, die offensichtlich im Einklang mit Presse- und Meinungsfreiheit stehen. Da helfen nur Fleiß und ein langer Atem: Überwachen Sie alles, was im Netz über Sie „gesprochen" wird und erarbeiten Sie sich kontinuierlich eine positive Gesamtreputation. Achten Sie darauf, dass Sie ein positives, ansprechendes persönliches Profil einrichten, verlinken Sie Ihre gefällige Homepage am besten noch mit anderen seriösen Angeboten im Netz.

Und was gilt für Unternehmen? Im Folgenden soll insbesondere aus der Sicht von Unternehmen noch einmal dargestellt werden, wie man sich – gerade auch im Vorfeld – vor unfairen Attacken im Internet schützen kann.

Voraussetzung für effektives Handeln ist die Einsicht, wie

+ das adressierte Umfeld eine Person,
+ die Anspruchsgruppen ein Unternehmen oder
+ die Öffentlichkeit eine Institution

wahrnehmen, von welchen Reputationstreibern (Portalen, Blogs, Netzwerken etc.) der größte Einfluss auf die Reputation ausgeht, wie die Konkurrenz im Web aufgestellt ist und welche Ressourcen bereitstehen, um die bestehende Wahrnehmung zu verändern. Dann erst lässt sich entscheiden, wie die Wahrnehmung präventiv beeinflusst werden kann, um am Ende eine Reputation zu erhalten, die in der aktuell bestehenden Situation als wünschenswert und grundsätzlich möglich erscheint. Hier sind gerade für Unternehmen technische Monitoring-Tools wichtig, um innerhalb der Komplexität des digitalen Datenmaterials den nötigen Umfang und die Neutralität der Informationen zu gewährleisten. Um es noch einmal klar zu sagen: Am wirkungsvollsten ist eine Reputationsstrategie dann, wenn sie bereits lange im Vorfeld einer Rufmordattacke oder eines Reputationsangriffs erfolgt. Deshalb geht es in diesem Kapitel insbesondere um die sorgfältige Vorarbeit, die ein aktives Reputationsmanagement erst ermöglicht.

Die entscheidenden Mittel, mit denen sich Unternehmen dauerhaft positionieren können, sind grundsätzlich Handlungen, die einerseits ihre Kompetenz beweisen, andererseits die Werte und die Moral des Unternehmens belegen. Vergessen wir nicht, dass die Entwicklung des Internets von – womöglich naiven – Idealen von Freiheit, Offenheit und Wahrheit vorangetrieben wurde. Insofern ist eine Besonderheit des Internets, dass hier von der Nutzergemeinschaft vor allem moralische Grundsätze und Motivationen abgeprüft werden. So bestimmt die Gewichtung von Werten und Moral maßgeblich das Online-Gesamterscheinungsbild des Unternehmens.

Obwohl das Internet ein Kommunikationsmedium ist, genügt es im Reputationsmanagement nicht, Werte im Web bloß zu kommunizieren. Vielmehr muss dies durch glaubwürdige Aktionen unterfüttert und nachvollziehbar belegt werden. Vordergründige Marketingmaßnahmen scheitern auf Dauer an der schnellen Überprüfbarkeit, die mit dem Internet Einzug gehalten hat. Das Netz bietet heute jedem Nutzer die Instrumente, investigativ tätig zu werden und die Ergebnisse seiner Recherche in Social Media oder Blogs zu kommunizieren. Viele Unternehmen und Institutionen weichen deshalb auf Side-Content, also Inhalte aus, die nicht mit dem eigentlichen Geschäftsfeld der Unternehmung zu tun haben. Mit eben dieser Strategie hat die Allianz-Versicherung auf ihrem Facebook-Account „Allianz-Knowledge" bisher über 34.000 Fans generieren können. Diese unterhalten sich auf der Pinnwand nicht über Versicherungsthemen, sondern diskutieren über globale Erwärmung, alternative Energien, Ethik und Gesundheit.

Die Allianz hat verstanden, dass sich die Internet-Community gerne als Wächter der Werte versteht. Unternehmen werden häufig auf dieser Ebene angegriffen, und die großen Themen heißen hier Verantwortung für Umwelt, Tierschutz, Ausbeutung von Menschen und Ressourcen und ähnliche emotional aufgeladene Aspekte. Statt beispielsweise bei Rückrufaktionen etwa die fehlende technische Kompetenz anzugreifen, werden in der Regel die zu späte Reaktion, die möglicherweise Menschen unnötig in Gefahr gebracht hat, und die mangelnde Aufklärung der Öffentlichkeit ins Zentrum der Kritik gestellt, also Punkte, die eher auf subjektiven oder moralischen Einschätzungen beruhen und kaum sachlich diskutiert werden können. Das gilt umso mehr für Rufmordattacken, die nicht unbedingt einen Auslöser wie etwa eine technische Panne haben müssen. Hier ist es von entscheidender Bedeutung, eine neue Kommunikationsstrategie in Unternehmen festzulegen. Die jahrzehntelang gepflegte PR-Sprache von Unternehmensmeldungen hat in Bezug auf das Social Web ausgedient. Wer meint, mit zentralisierter PR ein Reputationsproblem lösen zu können, der scheitert oder läuft geradezu in ein solches hinein. Wer glaubt, mit über Wochen kunstvoll gestalteten PR-Statements einen aktuell bevorstehenden Reputationsgau verhindern zu können, oder wer tagelang jedes der 140 Zeichen eines Twitter-Postings über verschiedene Schleifen im Unternehmen abstimmen lässt, um einer kritischen Nachricht zu entgegnen, der richtet am Ende mehr Schaden als Nutzen an. Grundsätzlich ist eine schnelle Reaktion im Netz auf rufschädigende Inhalte oberstes Gebot, um die Ausbreitung eines Gerüchts wirkungsvoll zu verhindern. Dabei müssen die Botschaften klar, authentisch und glaubhaft sein, und die nach außen kommunizierten Werte müssen eine feste Basis im Unternehmen haben, sie müssen also tatsächlich gelebt und nicht nur plakativ postuliert werden. Nur dann kann das Unternehmen in einer Wertediskussion bestehen. Die Herausforderung besteht darin, Prozesse und Strukturen in Unternehmen, aber auch im Privatleben oder in Institutionen so zu gestalten, dass Werte und moralische Prinzipien als grundlegend verstanden und entsprechend konsequent befolgt und kommuniziert werden.

Handeln nach moralischen Prinzipien führt der Online-Reputation positive Energie zu: Dies reicht von der

Kommunikation über das Verhalten von Mitarbeitern bis hin zu Spenden, Stiftungen oder den Einsatz für gemeinnützige Zwecke. Diese Leistungen bleiben im öffentlichen Gedächtnis des Internet abrufbar und dienen im Zweifelsfall als Puffer bei Angriffen auf die Reputation. Wer hier Vorsorge trifft, ist zwar nicht vor Angriffen gefeit, hat aber im Vorfeld Pluspunkte gesammelt, die dann in einer solchen Situation helfen können.

Es nützt gar nichts, wenn ein Unternehmen wohlfeile Bekenntnisse auf der Website oder in einem Wertekanon oder Unternehmensleitbild formuliert, in der täglichen Praxis aber die Interessen seiner Kunden nicht ernst nimmt beziehungsweise sich nicht entsprechend diesen Werten verhält. Im Gegenteil: In Blogs werden solche wohlfeilen Formulierungen über „Nachhaltigkeit", „Verantwortung für die Umwelt" usw., wie sie heute gerne von Unternehmen postuliert werden, dann an den tatsächlichen Handlungen des Unternehmens gemessen und gerne als leere Worthülsen entlarvt.

Es geht also um das, was tatsächlich gelebt wird. Daher sind Modelle unzureichend, die lediglich online Schönheitsreparaturen vornehmen, wenn es zu Rufmord-Angriffen kommt. Solche Aktionen halten der Überprüfung durch die Online-Community ebenso wenig stand wie einer investigativen journalistischen Recherche.

Längst zergliedert sich das Internet in Teilbereiche für die verschiedenen Stakeholder-Gruppen. So werden Unternehmen in speziellen Foren als Arbeitgeber bewertet, die Kundenzufriedenheit wird in Bewertungsportalen gemessen, Investoren und Analysten tauschen sich online über Unternehmenswerte aus, und auch die Öffentlichkeitsarbeit wird mit ihren Sprüchen und Widersprüchen in der medialen Öffentlichkeit debattiert. Dies kann von Angriffen auf Produkte über die Kritik der Unternehmenskultur bis hin zu persönlichen Attacken auf die Geschäftsführung reichen: Für jede Verlautbarung findet sich im Internet ein geeigneter Platz. Und viele Nutzer informieren sich sehr genau darüber, was andere über ein Unternehmen, ein Produkt oder eine Dienstleistung geschrieben beziehungsweise wie sie diese bewertet haben. Untersuchungen zeigen, dass in der Regel ab mindestens sechs Bewertungen ein solches Profil auf den durchschnittlichen Portalbesucher glaubwürdig wirkt. Das ist Grund genug, nach einer qualitativen und quantitativen Analyse der jeweils wichtigsten Portale ein entsprechendes „Review Management", das heißt eine systematische Pflege des eigenen Profils, auf den relevanten Bewertungsportalen einzuziehen. Dabei ist es nicht entscheidend, ob Sie Automobilhersteller, Reiseveranstalter, Versicherer oder niedergelassener Arzt sind: Qualität, Service und Glaubwürdigkeit sind wichtige Faktoren, die heute von potenziellen Kunden, Lieferanten, aber auch Kreditunternehmen aus Bewertungsportalen abgelesen werden.

Durch die Verbindung mit Google Places, also der lokalen Websuche nach Anbietern vor Ort, gewinnen Bewertungen gerade auch für kleine und mittelständische Unternehmen bei der Suchmaschinenoptimierung zunehmend an Bedeutung. Es empfiehlt sich also, in einem ersten Schritt die wichtigsten Plattformen regional und überregional stakeholderspezifisch (also im Sinne von Kunden, Mitarbeitern oder Multiplikatoren) zu identifizieren und diese – gerade wenn sie über ein großes Filialnetz verfügen – einer permanenten Überprüfung zu unterziehen. In einem nächsten Schritt ist es sinnvoll, gezielte Anreizsysteme zu entwickeln und den Kunden innerhalb der Niederlassungen schon die Möglichkeit der Bewertung von Produkten oder Dienstleistungen zu bieten. Dabei ist es wichtig, die Richtlinien der Portale zu beachten, die Geld oder Wertgegenstände als Anreiz oftmals nicht gerne sehen. Zudem sollten Sie darüber nachdenken, Strukturen und Prozesse innerhalb des Unternehmens zu schaffen, welche die vorhandenen Informationen in das Qualitätsmanagement überführen. Auch den Umgang mit negativen Kommentaren müssen Sie im Vorfeld klar definieren.

Ein klassischer Fall einer Rufmord-Attacke gegen Unternehmen: der Shitstorm

Klassischerweise beginnt ein Reputationsangriff mit einer fundierten Kritik, die von direkt betroffenen Meinungsführern, Spezialisten oder Personen geäußert wird. Beispielsweise können dies Gäste eines Hotels oder Personen sein, die selbst ein Produkt bei einem Online-Versandhandels-Portal erworben haben.

Im extremen Fall kommt es zu einem sogenannten „Shitstorm", bei dem keine Inhalte ausgetauscht, sondern nur noch negativ besetzte Schlagworte versendet werden, die alle anderen Äußerungen im Netz übertönen. Ein Shitstorm ist der GAU für einen Social-Media-Manager und der Alptraum eines jeden Unternehmens. Der Begriff beschreibt die massenhafte Negativ-Reaktion auf ein Thema, eine Person oder eine Firma. Die innerhalb des Shitstorms geäußerte Kritik ist größtenteils argumentativ unsachlich und höchst emotional. Und damit ist sie auch nur schwer zu entkräften.

Da der Shitstorm aber jede sachliche Auseinandersetzung im Keim erstickt, entlässt er die Unternehmen paradoxerweise gerade aus der Verantwortung, sich mit fundierter Kritik auseinandersetzen zu müssen. Mehr noch: Er überlagert den ernstgemeinten Meinungsaustausch mit Kunden. Letztlich arbeitet er gegen jene, deren Ziel es ist, Missstände anzuprangern, und bewirkt somit oftmals das genaue Gegenteil dessen, was seine Verursacher bewirken wollen bzw. zu bewirken vorgeben. Wären nicht die Angst und Unsicherheit bei Unternehmen und Institutionen so groß, dann könnten sie auf den Gedanken kommen, zum richtigen Zeitpunkt selbst einen solchen Shitstorm auszulösen, um damit fundierter Expertenkritik aus dem Wege gehen.

Ruhe bewahren

Während im Shitstorm jede Meinung untergeht – ihm also irgendwann auch die negativen Fakten, die ihn auslösen, zum Opfer fallen – ist dies nicht der Fall, solange die Diskussion in geordneten Bahnen verläuft. Hier ist es bisweilen schwierig, fundiert zu argumentieren. Wer versucht, sachlich gegen Vorurteile anzugehen, macht rasch die Erfahrung, dass gegenläufige Stimmen die Mehrheitsmeinung unterstützen – diese brandet immer dann sofort wieder auf, sobald sie Widerstand spürt. Das führt dazu, dass solch eine Mehrheitsmeinung erst dann verebbt, wenn ihr über längere Zeit der Stoff ausgeht.

Und doch hat selbst die verebbte Welle noch immer ein ungeheures Potenzial. Kleinste Neuigkeiten, ja Kommentare ohne substanziellen Wert („Finde ich auch") und sogar gegenteilige Nachrichten (z.B. „Da gab es doch damals eine Richtigstellung ...") können eine Debatte wieder beleben. So genügt oft der Sympathiefaktor zwischen zwei Forumsmitgliedern für ein unreflektiertes Re-Posting (z.B. „Unbedingt lesen: www..." oder „Super formuliert: http://www ..."), damit ein längst vergangenes Ereignis von einem Moment auf den nächsten scheinbar wieder neue Aktualität erlangt.

Da diese Dynamik nur schwer zu kontrollieren ist, kann bei Reputationsproblemen, die in der Vergangenheit aufgetreten waren, nur mit allerhöchster Vorsicht agiert werden. Denn – vergessen wir das nicht: Im Internet gibt es keine „echte" Vergangenheit. Auch veraltete Informationen können jederzeit wieder aktuell werden und damit scheinbar neue Relevanz erlangen: Mittel- und langfristig orientiert sich Online-Relevanz an der Gewichtung einer Quelle durch die Suchmaschinen, nicht an der tatsächlichen Aktualität.

Dieses „gespeicherte Potenzial" darf vor allem bei Negativnachrichten auf keinen Fall unterschätzt werden. So genügt es oftmals, dass ein neuer Kommentar oder ein neues Posting zu einem alten, längst ins Archiv verschobenen

Artikel diesen abermals auf die Startseite bei Google bringt. Das Internet vergisst eben nichts, ja mehr noch: Es kann gar nicht vergessen.

Nur wer die entsprechenden Instrumente beherrscht, kann Rufmord-Attacken und Reputationsangriffen begegnen. Ein wesentlicher Faktor ist hierbei die Zeit. Während sich früher Entscheidungen oder Ereignisse nur ganz allmählich in etwas wandelten, worunter man den Ruf eines Unternehmens, einer Institution oder einer Person verstand, kann sich dieser Prozess heute durch das Internet in kritischen Situationen auf wenige Tage oder gar nur ein paar Stunden reduzieren. Das Internet liefert permanent Informationen, auf die wir reagieren müssen.

Das ist im Zweifelsfall allerdings nicht nur für das betroffene Unternehmen entscheidend, sondern auch für Mitarbeiter, Kunden, Investoren und andere Firmen, die mit dem Unternehmen in Geschäftsbeziehungen stehen. Die Geschwindigkeit der Geschäftsprozesse stellt alle Beteiligten gleichzeitig vor ein Problem: Es bleibt kaum Zeit, das Vertrauen aufzubauen, auf dessen Basis Entscheidungen getroffen werden. Einerseits sind alle Beteiligten dem rasanten Wechsel der Reputation unterworfen, andererseits müssen sie sich immer stärker auf dieses Instrument des Vertrauens verlassen.

Gerade auf diese neue Kommunikationsgeschwindigkeit müssen sich Unternehmen und Institutionen einstellen, indem Verantwortungsbereiche geschaffen werden und Ressourcen für die im Vorfeld definierten Szenarien zur Verfügung stehen. Die hohe Dynamik des Mediums Internet macht klare Strukturen besonders an den Schnittstellen der betroffenen Unternehmenseinheiten unabdingbar.

Die Google-Hitparade

Die Suchmaschinen – allen voran Google – sind die Sachwalter der Reputationswerte. Hier ist, wie wir erfahren haben, nur wichtig, was auf der ersten Seite der Suchergebnisse steht. Wenn es aber um internationale Geschäftsbeziehungen, um Finanzentscheidungen oder sogar um Arbeitsplätze geht, stoßen die Algorithmen der Suchmaschinen an Grenzen. Unabhängig von einer zeitlichen Abfolge können veraltete Ergebnisse noch immer eine höhere Relevanz haben als neuere Entwicklungen – das wurde bereits mehrfach erläutert. Wer sich zum Besseren verändert, an sich arbeitet und Werte schafft, der kann daran verzweifeln, seine Bemühungen genau dort nicht gespiegelt zu sehen, wo sich alle informieren.

Google, Bing und andere täuschen uns nicht absichtlich, sondern aus der technischen Unfähigkeit heraus, zu vergessen. Das ist ein Problem, dem sich heute nur noch mit einem funktionierenden SEO, also einer optimalen Suchmaschinenoptimierung, beikommen lässt. So gesehen hilft im besten Fall die Optimierung von Web-Seiten dabei, die Wahrheit nach vorne zu bringen.

Was ganz oben auf einer Liste steht, hat Relevanz. Dieser Gedanke ist noch immer geprägt von den alten analogen Medien: „Das Wichtige zuerst!" So funktionieren noch heute die Titelseiten der Tageszeitungen ebenso wie die Nachrichten der TV-Sender: Das Zeitkontinuum, von dem die klassische Reputation ausgeht und bei dem Entwicklungen in temporärer Abfolge hintereinander liegen, so dass neuere Handlungen stärker wiegen als ältere, hat im Internet nur bei wenigen Betrachtern Gewicht. Wer intuitiv agiert und Suchergebnisse als Entscheidungshilfe nutzt, für den gilt einfach: „Was ich oben auf der Liste sehe, ist am wichtigsten."

Es ist das Top-Ten-Prinzip, und als solches stimmt es: Oben auf der Suchliste steht, wer am besten verkauft, wer am häufigsten gespielt oder einfach, wer am meisten geklickt wird. Doch die Liste hat ein Problem: Sie sagt nichts über die Inhalte oder den Wahrheitsgehalt der gefundenen Seiten aus. Wer meint, er könne aus Hitparaden, ob nun in *Bravo*, im *Spiegel* oder auf Google, qualitative Rückschlüsse ableiten, der täuscht sich.

SEO ist ein kontinuierlicher Prozess, der präventiv durchgeführt werden muss, um nachhaltige Erfolge zu erreichen. Es ist sogar ganz im Gegenteil so, dass beispielsweise eine explosionsartige Vermehrung der Verlinkungen einer Webseite im Ernstfall die Suchmaschinenpositionierung noch verschlechtert.

Was Unternehmen tun können

Die Hotlines, die heute jedes größere Unternehmen unterhält, um die Unzufriedenheit von Kunden abzufangen, bevor Vorwürfe virulent werden, sind ein gutes Beispiel für drei Faktoren der Reputation:

- Mitarbeiter, die zwar nicht formvollendet agieren, beispielsweise sich mürrisch geben, sind sicherlich kein gutes Aushängeschild für ein Unternehmen, doch wird dies kein Kunde gravierend bemängeln, solange sein Problem rasch und kulant erledigt wird.
- Sollte es dem Mitarbeiter im Call Center hingegen an Fachwissen mangeln, so dass er an der Fragestellung scheitert, und sich Inkompetenz vorwerfen lassen muss, bleibt dies verzeihlich, solange die nächste Instanz in der Lage ist, einen praktikablen Lösungsweg zu finden.
- Als unverzeihlicher Fauxpas wird es allerdings von Kunden empfunden, wenn E-Mails, in denen der Kunde sich Mühe gegeben hat, eine Problemstellung ausführlich zu erläutern, unbeantwortet bleiben oder zugesagte Rückrufe nicht erfolgen, kurz, der Konsument mit seinen Sorgen allein gelassen und nicht ernst genommen wird.

Damit ist eine Chance verloren, die beinahe alle Kunden den Unternehmen einräumen: Bevor eine öffentliche Beschwerde im Internet erfolgt, versuchen Kunden meist, direkte Hilfe von der Firma zu erhalten, mit der sie in einer Handelsbeziehung stehen. Die Mehrheit der Kunden ist nicht daran interessiert, Unternehmen zu schädigen, sondern es geht ihnen darum, das eigene Problem zu lösen.

Erst wenn dieser Versuch gänzlich scheitert, suchen Kunden den Weg ins Internet und seine Foren und Communities, teils um so die Enttäuschung abzuarbeiten, teils um durch den öffentlichen Druck das anvisierte Ziel doch noch zu erreichen. Und da die Konsumenten dies nachempfinden können, weil sie oftmals selbst schon in vergleichbaren Situationen waren, gelten gerade die moralischen Vorwürfe erboster Kunden meist als glaubwürdig.

Die so geweckte Solidarität der Konsumenten und Internetnutzer, die aus dem verständigen Mitgefühl – oder gar aus ähnlichen Erfahrungen – erwächst, äußert sich dann darin, dass sie andernorts auf den gelesenen Vorwurf verweisen, ihn über Facebook, Twitter, Blogs oder andere Wege weiterleiten, zitieren und nacherzählen, also auf die eine oder andere Weise verstärken.

Monitoring

Nachdem Unternehmen einmal die Relevanz von Online-Reputation erkannt haben, neigen die Kommunikationsverantwortlichen vielfach dazu, auf jeden negativen Kommentar panikartig zu reagieren. Dies führt jedoch oftmals sogar zu einer Verstärkung der Angriffe und zu einer Verschlimmerung der Situation. Die Erfahrung zeigt vielmehr: Nur mit einer gewissen Gelassenheit und einer angemessenen Einschätzung der Relevanz eines Angriffs lassen sich Negativäußerungen einordnen und gegebenenfalls notwendige Schritte einleiten.

Die zentralen Fragen lauten dabei:

* Wer ist es, der da schreibt?
* Wo publiziert er?

- Ist das Forum von einer unserer Anspruchsgruppen frequentiert?
- Ist das angesprochene Problem das individuelle Problem meines Unternehmens oder etwa das der ganzen Branche?
- Kann der Autor als Meinungsmacher gesehen werden?
- Wird er von anderen Meinungsmachern ernst genommen und maßgeblich herangezogen?
- Wo stehen er und seine Rezipienten in der Social-Media-Kette?
- Regen seine Rezipienten andere zum Nachdenken an?
- Rufen sie in der Regel Zustimmung hervor oder bekommen sie Widerspruch?
- Wirkt sich Kritik aus dieser Richtung womöglich sogar positiv aus?
- Und: Wann ist damit zu rechnen, dass diese Stimmung kippt, welche Vorsorge lässt sich dagegen treffen?

Vorschnelle Reaktionen können genauso schädlich sein wie zu langes Schweigen. Unnötig panische Maßnahmen könnten die Gegenseite dazu motivieren, in breiter Front aufzumarschieren. Andererseits könnte die andere Seite zu langes Schweigen auch dazu nutzen, ihr Feld strategisch vorzubereiten. Tatsächlich kann es bisweilen besser sein, eine Kritik an technischen Details durch einen Experten aus der Produktion beantworten zu lassen, als unnötig Zeit verstreichen zu lassen, während die Kommunikations-Profis noch an einer vermeintlich perfekten Replik feilen. Schnelligkeit kann wichtiger sein als ein überzogener Perfektionsdrang vermeintlicher Kommunikationsprofis.

Für die Einordnung der Aktivitäten werden jedoch zunächst einmal vor allem solide Ergebnisse benötigt, die erfasst und in der Analyse ausgewertet werden. Daten des Social Web, Gruppen und Blogs, Diskussionen, Multiplikatoren und Google News liefern direkte Erkenntnisse, wie weit eine Reputations-Attacke vorangeschritten ist oder ob die Antwort darauf erfolgreich war.

Wichtig ist in diesem Zusammenhang schließlich, den oder die jeweiligen Urheber einer Attacke zu identifizieren und das Kernargument, den Kernvorwurf zu erkennen, denn im Internet werden Nachrichten tausendfach kopiert und weitergegeben.

Heckenschützen und juristische Komplikationen

Aber noch aus einem weiteren Grund ist die Frage der Urheberschaft eines Angriffs oft entscheidend: Was harmlos anfängt, kann dramatische Folgen haben. Oft kommen diese Attacken aber aus heiterem Himmel. Lässt sich in solch einem Fall der Urheber nicht rasch direkt ansprechen, mit Nachdruck zur Unterlassung auffordern und gegebenenfalls sogar einer Strafverfolgung zuführen, kann das schwere Folgen haben, deren Auswirkungen oft nicht mehr zu beheben sind.

Beim Rufmord ist es übrigens weitgehend unerheblich, ob er einer realen Gegebenheit entspricht oder einfach nur glaubwürdig erscheint. Dies macht Vorwürfe der Korruption, aber auch des heimlichen Alkoholismus oder der häuslichen Gewalt so infam, denn ihnen ist nur schwer etwas entgegenzusetzen. Aus diesem Grund richten sich Angriffe auf die Reputation meist auf moralische Komponenten, da Mängel in Äußerlichkeiten nicht wirklich wichtig, Fehler in der Kompetenz noch immer verständlich, aber Versäumnisse in der Moral unverzeihlich sind.

Dabei ist die Identifikation von anonymen Tätern im Internet echte Detektivarbeit. Rechtsanwalt Dr. Sven Krüger ist spezialisiert auf Fälle, bei denen Persönlichkeitsrechte verletzt werden. Der Sozius der Kanzlei Schwenn & Krüger Rechtsanwälte in Hamburg zählt namhafte Privatpersonen, aber auch verschiedene Medien zu seinen Klienten. „Die begrenzten Möglichkeiten", so Krüger, „anonyme ‚Heckenschützen'" aufzuspüren, die im Internet systematisch Rechte Dritter verletzen, stellen ein nicht zu unterschätzendes Problem dar. Oft gelingt es selbst bei groben Rechtsverletzungen nicht, mit Hilfe der Justiz den Anonymus aufzuspüren, wenn er sich nur geschickt genug verbirgt. Verstöße gegen die Impressumpflicht ziehen erschreckend oft keine rechtlichen Konsequenzen nach sich, und auch eine Strafverfolgung unterbleibt häufig."

Dass sich das Internet faktisch zu einem weitgehend rechtsfreien Raum mit den daraus resultierenden anonymen Angriffen auf Hab und Gut, vor allem aber auf den Ruf von Menschen, Firmen und Organisationen entwickeln konnte, hängt nicht zuletzt mit der Naivität und Gutgläubigkeit zusammen, mit der wir ins Internet-Zeitalter gestartet sind. Während wir im realen Leben gesunde Skepsis walten lassen und daher auch für entsprechende rechtliche Strukturen gesorgt ist, ist es mit Freiheit und Selbstverantwortung im Web nicht weit her. Man kann sagen: Das Internet ist seiner eigenen Reputation nicht gerecht geworden.

Letztlich haben wir als Web-Teilnehmer selbst dafür gesorgt, dass der gute Glaube, mit dem wir uns gegenseitig im Web begrüßten und an die Zukunft eines sich auch ethisch selbst regulierenden Netzwerks glaubten, die Überlegungen für rechtliche Regeln blockierte. Das Ergebnis ist, dass heute eine juristische Handhabe fehlt und wir der vielen Straftaten nicht mehr Herr werden.

Es bleibt abzuwarten, ob und wann sich soziale und juristische Regeln etablieren, die auch in der virtuellen Welt Gültigkeit haben. Einstweilen müssen wir uns auf die Medienkompetenz jedes einzelnen Internet-Teilnehmers verlassen, die jedoch leider oftmals bei den Nutzern nur unterentwickelt vorhanden ist. Früher konnten viele Menschen differenzieren, ob ein Bericht etwa in einer seriösen Zeitung wie der „Frankfurter Allgemeinen Zeitung" stand oder in einem anonymen Pamphlet. Heute betreiben viele junge Menschen eine – wie sie es nennen – „Internet-Recherche", bei der es an dem Basiswissen fehlt, nach welchen Kriterien die Seriosität einer Quelle einzuschätzen ist.

Unter den Konsequenzen leiden besonders Personen wie Bruno Leicht, die mit ihrem guten Namen ins Internet gehen und dann völlig untergehen, weil sie zu spät begreifen, dass der Schutz, den sie im realen Alltag genießen, im World Wide Web fehlt.

Wer nicht davon überrascht werden will, dass er im Internet vereinnahmt und missbraucht wird, der muss sich von Anfang an vor Augen halten, dass hier – zumindest heute noch – andere Regeln gelten. Um es hart zu sagen: In manchen Situationen überlebt virtuell nur der, der schneller zieht.

Viele Regeln, auf die wir uns dank unserer gesellschaftlichen Sozialisation blind verlassen, gelten im Internet leider nicht. Das liegt zum Teil daran, dass das Internet noch gar nicht alt genug ist, damit sich gewisse Standards überhaupt etablieren konnten. Zum anderen liegt es auch daran, dass sich viele Regeln – insbesondere die juristischen – über Ländergrenzen hinweg nicht durchsetzen lassen.

Scheinbar unvereinbar trifft so die globale Kommunikation auf nationales Recht. Erschwert wird die Situation, da im Netz vieles nicht so ist, wie es ausgewiesen wird: Server stehen nicht dort, wo sie gemeldet sind, Domains gehören nicht dem, der sie eingetragen hat, Impressen nennen nicht die Namen der Personen, die wirklich für den Inhalt verantwortlich sind.

Das Resultat ist bekannt: Im Internet sind Gesetz und Ordnung manchmal Glückssache, und wer unglücklicherweise in die Situation kommt, durchgreifen zu müssen, scheitert womöglich nicht erst an irgendeinem ausländischen Anwaltsbüro. Der Arm des Gesetzes reicht im Zweifelsfall nicht einmal bis in die Niederlande.

Analyse

So schwer es auch ist, Täter im Internet dingfest zu machen, mit den geeigneten Recherchemitteln und Methoden kann man durchaus auf Webseiten und ihre Betreiber zugreifen. Bisweilen ist dieser direkte Kontakt die einzige und letzte Möglichkeit, Unrecht zu stoppen. Allerdings muss der nicht unerhebliche Aufwand in einer vernünftigen Relation zur Erfolgsaussicht stehen. Vor dem letzten Schritt sind dann noch immer die gleichen W-Fragen zu stellen, die von Anfang an das Monitoring prägen:

- Wer spricht?
- Wo hat er seine Basis?
- Was ist seine Absicht?
- Warum verfolgt er dieses Ziel?
- Mit wem kommuniziert er?
- Wie groß ist seine Verbreitung?
- Welche Wirkung geht von ihm aus?
- Wie lange halten sich seine Beiträge auf den aktuellen Suchpositionen?

Die Beantwortung dieser Fragen – vor allem die Frage nach der Halbwertszeit von Angriffen auf der aktuellen Suchposition – kann durchaus zu dem Ergebnis führen, dass es besser ist, ruhig zu bleiben und mit der nötigen Gelassenheit darauf zu warten, dass sich eine Negativmeldung abschwächt. Nicht zuletzt ist auch die Frage nach den Multiplikatoren einer Aussage von großer Bedeutung für ein erfolgreiches Reputationsmanagement: Lassen sich diese eindeutig, identifizieren, erreicht man die gewünschte Hebelwirkung und verzettelt sich nicht in ineffizienter Detailarbeit.

Wenn die Prognose besagt, dass die Meldung vermutlich keine Kanäle für eine weitere Verbreitung finden wird, wäre es fatal, durch überhastete Reaktionen diese Kanäle zu aktivieren, indem man auf die Angriffe eingeht, statt zu warten, dass die Nachricht von allein an Bedeutung verliert. Allerdings erfordert die Entscheidung für eine solche „Verpuffungsstrategie" eine genaue Analyse der Situation und der Kommunikationsstränge, die im Zweifelsfall einbezogen werden könnten. Die Analyse basiert auf einem genauen Monitoring. Ein Ergebnis der Auswertung kann durchaus sein, dass weitere verbundene Websites, Foren oder Social Web Accounts in die Beobachtung einbezogen werden sollten.

Die Wege, die Meldungen im Internet zurücklegen, sagen nicht nur etwas über die Verbreitung der Nachricht aus, sondern sind überdies Indikatoren dafür, wo sich Anspruchsgruppen neu formieren und wie sich Interessenplattformen verlagern. Nur eine präzise Nachverfolgung dieser Trampelpfade, die im Netz erfahrungsgemäß recht schnell zu stark frequentierten Schnellstraßen werden können, verhindert im weiteren Verlauf böse Überraschungen.

Strategie

Diese Überlegungen zeigen, dass Reputationsmanagement ein maßgeschneiderter Schutz ist, der die verschiedenen Geschäftsbereiche von Unternehmen und selbstverständlich die Geschäftsführung einbeziehen muss.

Im nächsten Schritt werden die Analyseergebnisse bewertet und Ziele gesteckt. Dabei empfiehlt es sich dringend, rechtzeitig verantwortliche Mitarbeiter aus allen relevanten Unternehmensbereichen (beispielsweise PR, Marketing, Vertrieb, Forschung und Entwicklung oder Produktion) mit einzubeziehen. Nicht zuletzt, weil wichtige Grundsatzentscheidungen getroffen werden müssen:

◆   Wie weit darf die Dialogbereitschaft mit Angreifern oder Rufmördern gehen?
◆   Wie viel Transparenz in der Kommunikation ist sinnvoll und gewünscht?

- Welche Inhalte können und sollen für die einzelnen Kanäle zur Verfügung gestellt werden?
- Welche Social-Media-Plattformen werden aktiv, reaktiv oder nur beobachtend genutzt?
- Welche aktiven Maßnahmen werden getroffen, um ein positives Image im Netz aufzubauen?
- Anhand welcher Indikatoren soll die Reputation gemessen werden?
- Erfolgen operative Tätigkeiten intern, extern oder in einer Kombination aus beidem?

Aufgrund der erforderlichen spezifischen Kenntnisse und der hohen Dynamik der Social-Media-Plattformen sind eine zentrale Verantwortlichkeit und verfügbare Kapazitäten für ein erfolgreiches Online Reputationsmanagement unverzichtbar. Hierfür müssen nicht unbedingt Mitarbeiter eingestellt werden. Aber die zentrale Verantwortlichkeit benötigt Entscheidungskompetenzen, Vollmachten und Budgets, um in der notwendigen Geschwindigkeit zu agieren. Informations- und Eskalationsprozesse müssen festgelegt und die Schnittstellen zu allen beteiligten Unternehmensbereichen definiert werden. Hier ist es wünschenswert, dass Kompetenzen aus den verschiedenen Bereichen zusammenkommen, um eine möglichst gute Einbindung in die Unternehmensstruktur zu erreichen.

Eine einheitliches Regelwerk zum Umgang der Mitarbeiter mit Social Media sowie entsprechende Schulungen sind unbedingt erforderlich. Dabei kann die Einbindung des Vertriebs in das aktive Management eine sehr gute Strategie sein, um die Kommunikation zwischen Unternehmen und Kunden zu verbessern. Ein Vertriebsmitarbeiter kann sein eigenes Netzwerk in den Social Media aufbauen und nutzen. Er wird dort weniger häufig Ziel von Kritik sein – denn die Hemmschwelle, einen einzelnen Menschen zu kritisieren, ist wesentlich höher als bei einem anonymen Unternehmen.

Den Schaden eingrenzen

Beim Reputationsmanagement gilt es herauszufinden, welcher Schaden tatsächlich angerichtet wurde beziehungsweise angerichtet werden kann. Auf Basis des Monitoring sind vier Kriterien für eine Reputationsanalyse von zentraler Bedeutung. Dies sind zunächst die beiden eher quantitativen Kriterien, welche Ergebnisse gelistet werden und wie viele negative Suchergebnisse erscheinen.

Hinzu kommen die eher qualitativen Kriterien: In welchem Kontext werden die inkriminierenden Ergebnisse erwähnt und an welcher Position erscheinen diese? Erscheinen solche Ergebnisse bereits bei der Hilfestellung, die Google zum Vervollständigen der Anfrage anbietet (dem sogenannten Google-Suggest), dann ist der schlimmstmögliche Fall eingetreten, wie wir im ersten Kapitel am Beispiel von Bruno Leicht gesehen haben: Denn diese Google-Hilfsangebote lenken auch denjenigen Anwender auf die katastrophale Fährte des Rufmörders, der sich ursprünglich nur völlig neutral informieren wollte.

Anschließend erfolgt die inhaltliche Analyse der Suchergebnisse: Welche Ergebnisse sind es, von denen die negative Reputation ausgeht? Was sind die Reputationstreiber? Wie steht es um deren Glaubwürdigkeit, beziehungsweise wie wird diese Glaubwürdigkeit vom Anwender bewertet? Auch hier gibt es zweifellos eine gewisse Rangfolge. So wird ein Beitrag auf einer renommierten Plattform – etwa Online-Ausgaben bekannter Zeitungen, Magazine oder Fachzeitschriften – zweifellos eine höhere Glaubwürdigkeit genießen als etwa ein Eintrag in einem unbekannten Blog oder ein anonymes Posting auf einer Social-Media-Plattform.

Doch auch hier gibt es weitere Faktoren zu beachten. Ein Eintrag im Leserforum einer Online-Publikation wie *spiegel.de*, *bild.de* oder *chip.de* gibt zwar lediglich eine Einzelmeinung wieder, die für gewöhnlich nicht mit derselben Sorgfalt redigiert wurde wie die Leserbriefe in den jeweiligen Print-Ausgaben, steht aber in den Google-Ergebnislisten unter der Adresse des jeweiligen Online-Mediums.

Auch Postings in Blogs oder Einträge auf Social-Media-Plattformen muss man genauer unter die Lupe nehmen, denn schließlich ist es ein Unterschied, ob eine inkriminierende Nachricht auf einem einzigen Blog erscheint – oder gleich auf etlichen hundert. Achten Sie auf die Qualität der Quelle, denn längst gibt es Blogs, die eine signifikant höhere Reputation und Glaubwürdigkeit besitzen als andere.

Diese Reputationsanalyse ist die wichtigste Voraussetzung für die nun folgenden Aktionen. Als Minimalziel geht es zunächst meist darum, die ersten beiden Seiten der Google-Ergebnisliste von inkriminierenden Einträgen zu säubern. Wollen Sie solche Ergebnisse tatsächlich verschwinden lassen? Trifft Letzteres zu, dann sollten Sie sich darüber im Klaren sein: Es gibt keinen Radiergummi für Google! Um ein Suchergebnis zuverlässig aus der Suchmaschine verschwinden zu lassen, muss letzten Endes die dahinterliegende Fundstelle getilgt werden.

Dazu ist auch eine genaue inhaltliche Analyse der negativen Einträge erforderlich. Schließlich ist es ein Unterschied, ob ein Unternehmen auf negative Rückmeldungen reagiert hat und beispielsweise seinen Service grundlegend neu aufgestellt und verbessert hat, oder ob etwa eine Person Einträge – auch eigene Einträge – tilgen will, die sie in einer möglichen neuen Rolle unnötig belasten würden.

Ausblick:

Und die Moral von der Geschicht ...

Die Gefahr, offensiv kritisiert zu werden oder gar in einen Skandal zu geraten, war bei der früher vorherrschenden Einweg-Kommunikation der Medien für Unternehmen deutlich geringer, und Privatpersonen mussten sich – es sei denn, sie gehörten zu den Prominenten – in der Regel überhaupt nicht um mögliche öffentliche Reputationsangriffe sorgen.

Zwar waren auch TV, Radio und Print an kritischer Berichterstattung interessiert, doch erst das Internet brachte alle Anspruchsgruppen aktiv ins Spiel: Kunden und Lieferanten, Investoren und Mitarbeiter, ja auch Eigner und gesellschaftliche Gruppen müssen nicht länger warten, bis ihnen das Wort erteilt wird. Stattdessen gehen sie ins Internet, um wirkliche oder vermeintliche Skandale anzuprangern und Missstände aufzudecken.

Kaum mehr ein Tag vergeht heute, an dem nicht auch in den klassischen Medien über „Reputationsangriffe" auf Privatpersonen oder Firmen im Internet berichtet wird. Damit erkennen immer mehr Menschen die mit dem Internet einhergehenden Risiken.

Die in diesem Buch beschriebenen Probleme und Gefahren werden sich in Zukunft weiter verstärken: Jeder kann Äußerungen zu Personen, Unternehmen oder Institutionen ohne die früher filternden Medien selbst publizieren. Fachwissen oder technische Kenntnisse sind nicht erforderlich. Blogs, Tweets, Postings und Web-Seiten stehen schon heute allen offen und werden in Zukunft durch Kommunikationsformen ergänzt, deren Komplexität der Vernetzung und Reichweite sich noch um ein Vielfaches steigern werden.

Auch die Art der Wahrnehmung von Marken, Produktqualität, Prominenz der Geschäftsführung und Gruppenidentität der Arbeitnehmer wird immer stärker durch das Internet beeinflusst. Für diese Auseinandersetzung können sich Unternehmen nur mit Hilfe eines ganzheitlichen Online-Reputationsmanagements wappnen, das jeden im Internet als potenziellen Kommunikationspartner anerkennt und einbezieht. Statt der Auseinandersetzung mit Konkurrenten, Medien und Behörden – also in der Regel wenigen gewichtigen Gesprächspartnern – wird in Zukunft das Gespräch mit unzählig vielen Individuen im Vordergrund stehen.

Diese Umstellung der Kommunikation betrifft alle. Was mit E-Mail und Diskussionsforen im Internet begonnen hat, sich über Web-Seiten und Blogs ausweitete und heute in Direktkommunikation und sozialen Netzwerken mündet, wird sich ausweiten und immer wieder neu strukturieren. Wir werden Kommunikationsformen kennenlernen, die uns Mitteilungen unbekannter Teilnehmer automatisch nach Relevanz geordnet zuspielen und unsere eigenen Nachrichten auf die gleiche Weise in fremde Unterhaltungen integrieren.

Unsere persönliche Geschichte wird so in einer permanenten Gleichzeitigkeit protokolliert und fortgeschrieben: Was wir vor zehn Jahren meinten, sagten, glaubten, wird ebenso präsent sein, wie unsere ganz aktuellen Äußerungen. Die Abrufbarkeit persönlicher Daten gehört genauso zu unserem Profil wie der Lebenslauf, der jederzeit auf der Basis unserer Web-Historie, aber auch anhand von Meinungen anderer über uns überprüfbar sein wird. Nicht zuletzt das Beispiel des ehemaligen Bundesverteidigungsministers

Karl Theodor zu Guttenberg hat verdeutlicht, wie schnell heute Schwachstellen im Lebenslauf aufgedeckt werden können.

Vermutlich gab und gibt es bei jedem von uns Äußerungen oder Handlungen, über die wir liebend gerne den Mantel des Vergessens breiten würden. Ob das in Zukunft noch möglich sein wird, ist ungewiss. Ein kleiner Trost ist sicherlich, dass sich Peinlichkeiten in jeder Web-Vita finden werden. Vielleicht sind sie dann eines Tages nichts weiter als ein öffentliches Indiz für die Glaubwürdigkeit und Echtheit des Lebens, für das das Internet nichts als ein Spiegel bleibt.

So viel Zeit wir auch im Web verbringen, so viel unserer Kommunikation wir auch ins Internet verlegen, so viel Informationen über uns auch in weltweiten Netzen zu finden sind, das wahre Leben findet dort statt, wo wir direkt und unmittelbar mit Menschen zusammentreffen. Im unmittelbaren Miteinander liegt der kostbarste Maßstab unserer Person begründet, das Fundament einer Wertschätzung, auf das wir uns jenseits aller virtuellen Reputation zurückziehen können und dürfen. Dass dieses Fundament nicht beschädigt wird, dass unsere Freunde zu uns stehen und unsere Familie uns liebt, das ist entscheidend und liegt unmittelbar in unserer Hand.

Glossar

Account
Profil, welches Benutzer erstellen, um auf geschützte und geschlossene Bereiche einer Webseite zuzugreifen.

Affiliate
Affiliate ist ein vertriebsorientiertes Werbemittel im Internet. Der Produktanbieter stellt Werbemittel zur Verfügung, die der Vertriebspartner, der Affiliate, auf seinem Web-Angebot einsetzt. Für jede geschäftliche Handlung erhält er eine Provision.

Blog
Blog ist die Abkürzung für Weblog und stellt eine kostenlose und unkomplizierte Möglichkeit dar, eigene Texte und Bilder zu veröffentlichen. Blogs zählen zu den wichtigsten Informationsquellen im Internet und dienen u.a. der Suchmaschinenoptimierung. Betreiber der Weblogs werden als Blogger bezeichnet.

Content
Als Content bezeichnet man jegliche Inhalte auf allen Web-Angeboten.

Chat
Eine elektronische, textliche Kommunikation in Echtzeit. Der Chat ist nach der E-Mail die älteste Form der Kommunikation im Internet. Der reine Text-Chat wurde im Laufe der Zeit um Audio- und Video-Chats erweitert.

Community
Community bedeutet Gemeinschaft, im Internet spricht man auch von Netzgemeinschaft.

Corporate Social Responsibility (CSR)
Corporate Social Responsibility bezeichnet die soziale Verantwortung und das verantwortungsvolle Handeln von Unternehmen.

Customer Relation Managemt (CRM)
Customer Relation Management bezeichnet die systematische Kundenbetreuung von Unternehmen.

Domain
Eine Domain ist der Teil einer Internetadresse, die in der Adresszeile nach „http://www." eingegeben wird.

Facebook
Facebook ist mit mehr als 600 Millionen aktiven Usern weltweit das größte soziale Netzwerk. Facebook ermöglicht den Nutzern das Anlegen eines persönlichen Profils sowie die Verbindung und Kommunikation mit anderen Nutzern.

Filesharing
Beschreibt das Teilen von Dateien zwischen zwei oder mehr Nutzern.

Forum
Foren werden zumeist zu speziellen Themengebieten aufgesetzt und ermöglichen den Nutzern, über verschie-

dene Themen zu diskutieren. Um ein Forum aktiv nutzen zu können, ist es in der Regel erforderlich, ein eigenes Profil anzulegen.

Google Suggests
Eine Auto-Vervollständigungs-Funktion, die beim Eintippen eines Suchbegriffes bei Google die relevantesten Suchbegriffe vorschlägt.

Hosting
Das Hosting beschreibt das Bereitstellen von Webseiten, Dateien etc. durch einen sogenannten Provider. Dieser stellt Dienste, Inhalte oder technische Leistungen für den Betrieb im Internet bereit.

IP-Adresse
Eine IP-Adresse ist die Hausnummer eines Computers in einem Netzwerk, local wie global.

Microblogging
Microblogging-Portale erlauben es, nur eine begrenzte Menge von Text einzugeben und zu veröffentlichen. Berühmtester Anbieter ist Twitter, auf dem Textnachrichten mit einer maximalen Länge von 140 Zeichen veröffentlicht werden können.

Netiquette
Netiquette beschreibt die Umgangsformen im Internet und setzt sich aus den Begriffen „Net" und „Etiquette" zusammen.

Peer-to-Peer
Peer-to-Peer, auch P2P abgekürzt, beschreibt eine Form des Computer-Netzwerkes, in dem alle Computer gleichberechtigt sind. Es gibt keinen zentralen Computer (sog. Server), über den die anderen Computer zugreifen müssen.

Posts
Oder auch Postings genannt, beschreiben jede Art von Beiträgen, die ein Nutzer im Internet tätigt.

Ranking (in Suchmaschinen)
Das Ranking beschreibt, wie Inhalte in einer Suchmaschine gelistet sind. Ein hohes Ranking bedeutet eine Auflistung in den ersten 10–20 Suchergebnissen.

Reputationsmanagement
Das Reputationsmanagement bezeichnet alle Strategien und daraus resultierenden Maßnahmen, welche die Steuerung und Kontrolle des Rufes einer Person oder eines Unternehmens betreffen – online wie offline. Ein ganzheitliches Reputationsmanagement dient der Prävention vor Reputationsschäden sowie der Möglichkeit, akuten Rufschädigungen entgegenzuwirken.

Shitstorm
Als Shitstorm bezeichnet man massenhaft negative und argumentativ unsachliche Kommentare und Beiträge über ein Thema. Bei einem Shitstorm werden keine Inhalte ausgetauscht, sondern nur noch negativ besetzte Schlagworte versendet. Diese Beiträge haben die Tendenz, alle anderen Äußerungen im Netz zu übertönen.

Social Media
Als Social Media bezeichnet man die Gesamtheit aller Portale und Netzwerke, deren Inhalte (fast) ausschließlich von Nutzern erstellt werden. Dazu zählen u.a. soziale Netzwerke wie facebook, StudiVZ, Microblogging-Plattformen wie Twitter und Jaiku und Weblogs (Blogs).

Stakeholder
Als Stakeholder werden Anspruchsgruppen bezeichnet. Diese können natürliche und juristische Personen sein. Anspruchsgruppen eines Unternehmens sind beispielsweise Kunden, Mitarbeiter oder das Management.

Suchmaschinenoptimierung
Suchmaschinenoptimierung wird angewandt, um bestimmte Inhalte zu bestimmten Suchbegriffen möglichst prominent in Suchmaschinen zu platzieren. Dies geschieht über verschiedene Maßnahmen wie z.B. Online-PR oder Blogs.

Twitter
Twitter ist die bekannteste und meistgenutzte Microblogging-Plattform der Welt und gilt mittlerweile als eine der wichtigsten Marketing-Plattformen. Twitter-Nachrichten, sogenannte Tweets, sind auf 140 Zeichen begrenzt.

Uniform Resource Locator (URL)
Auch Quellenanzeiger genannt, ist die gesamte Internetadresse, die sich in der Adresszeile befindet (http://www.beispielurl.de).

User Generated Content (UGC)
User Generated Content bezeichnet jegliche Inhalte, die von Nutzern und nicht von Betreibern oder Administratoren eines Online-Angebotes erstellt werden. Dies umfasst z.B. Kommentare, das Einstellen von Bildern oder Konversationen auf sozialen Netzwerken.

Anhang

[1] Vgl. Digital Risk: The Challenge for the CRO, Economist Intelligence Unit 2005

[2] Vgl. BITKOM-Pressemitteilung vom 12. Januar 2010: http://www.bitkom.org/de/presse/66442_62102.aspx

[3] Vgl. Reputation ist der wichtigste Werttreiber erfolgreicher Unternehmen, aus: „NRW im Aufbruch, Lernen aus der Krise – Erfolgsfaktoren für die Zukunft", Rheinbacher MBA-Studie 2010, Hochschule Bonn-Rhein-Sieg, 2010

[4] Vgl. Offizielles PR-Profil von Twitter vom 06. April 2011 http://twitter.com/twitterglobalpr/status/55779434350907392
Vgl. Big-Screen vom 08. April 2011: „Twitter meldet Rekord von 155 Millionen Tweets pro Tag", User-Zahlen: http://www.bigscreen.de/deutsch/pages/news/allgemeine-news/2011_04_08_6297_twitter-meldet-rekord-von-155-millionen-tweets-pro-tag.php

[5] Vgl. Risky Business: Online Reputations, Weber Shandwick, 2009

[6] Vgl. Digital Risk, a.a.O.

[7] Vgl. Reputation ist der wichtigste Werttreiber erfolgreicher Unternehmen, a.a.O.

[8] Vgl. heise.de vom 18.Mai 2010: „Polizeistatistik: Mehr Internetkriminalität, weniger Kinderpornos", http://www.heise.de/newsticker/meldung/Polizeistatistik-Mehr-Internetkriminalitaet-weniger-Kinderpornos-1002337.html

[9] Vgl. Welt am Sonntag vom 10.04.2011: „Kampf gegen die digitale Quälerei", http://www.welt.de/print/wams/politik/article13127732/Kampf-gegen-die-digitale-Quaelerei.html

¹⁰ Vgl. Focus Online vom 24.03.2011: „Cyber-Mobbing: Schröder (CDU) will gegen Mobbing-Webseiten vorgehen", http://www. focus.de/politik/weitere-meldungen/cyber-mobbing-schroeder-cdu-will-gegen-mobbing-webseiten-vorgehen_aid_611975. html; vgl. Spiegel Online vom 25.03.2011: „Mobbing im Internet – Share dich fort!", http://www.spiegel.de/schulspiegel/ 0,1518,753034,00.html

¹¹ Vgl. Tagesspiegel Online von 15.03.2011: „Nach Amokdrohung fällt die Schule aus", http://www.tagesspiegel.de/berlin/ nach-amokdrohung-faellt-die-schule-aus/3951588.html

¹² Vgl. FAZ Online vom 24.03.2011: „Eine Hetzseite im Netz schürt puren Hass", http://www.faz.net/s/Rub475F682E3FC248 68A8A5276D4FB916D7/Doc~EC52D54FA59424CA89C1B4 5E3A7089EAB~ATpl~Ecommon~Scontent.html

¹³ Vgl. Tagesspiegel Online vom 01.04.2011: „Nach Hetze im Internet: Mob verprügelt 15-Jährigen", http://www.tagesspiegel. de/berlin/nach-hetze-im-internet-mob-verpruegelt-15-jaehrigen/ 4015578.html

¹⁴ Vgl. auch Kapitel 3 in diesem Buch. Dort wird ein Opfer eines Forums vorgestellt, in dem es eigentlich um Jazz-Musik geht

¹⁵ Vgl. Walter Staufer, Bundesprüfstelle für jugendgefährdende Medien, Vortrag zum Thema „Was macht mein Kind im Internet? Worin liegt die Gefährdung?" vom Juni 2008

¹⁶ Vgl. Spiegel Online vom 25.03.2011, „Share dich fort!", http:// www.spiegel.de/schulspiegel/0,1518,753034,00.html; vgl. Welt Online vom 23.03.2011, „Mobbing ist das Erfolgskonzept von isharegossip", http://www.welt.de/vermischtes/weltgeschehen/article 12929898/Mobbing-ist-das-Erfolgskonzept-von-isharegossip.html

¹⁷ Vgl. Spiegel Online vom 25.03.2011, „Share dich fort!", http:// www.spiegel.de/schulspiegel/0,1518,753034,00.html

¹⁸ Vgl. Frankfurter Rundschau Online vom 25.01.2011: „Polizei sucht schon anonyme Täter" http://www.fr-online.de/frankfurt/ polizei-sucht-schon-anonyme-taeter/-/1472798/6748936/-/ index.html

¹⁹ Vgl. FAZ Online vom 27.01.2011: „Lästern leicht gemacht", http://www.faz.net/s/RubCD175863466D41BB9A6A93D460B 81174/Doc~EA26C1AE643C9448F82504B60D03A7FE2~AT pl~Ecommon~Scontent.html

[20] Vgl. FAZ Online vom 24.03.2011: „Eine Hetzseite im Netz schürt puren Hass", http://www.faz.net/s/Rub475F682E3FC248 68A8A5276D4FB916D7/Doc~EC52D54FA59424CA89C1B4 5E3A7089EAB~ATpl~Ecommon~Scontent.html

[21] „[...] Mit der zweiten Amokdrohung auf der Website isharegossip fiel der Unterricht [...] zum zweiten Mal aus", vgl. Berliner Morgenpost Online vom 19.03.2011: „Nach Amok-Drohung zurück zum Schulalltag", http://www.morgenpost.de/berlin/article1577018/ Nach-Amok-Drohung-zurueck-zum-Schulalltag.html

[22] „[...] Das Cybermobbing hat mitunter schlimme Folgen im realen Leben – die Selbstmorde in Amerika, Australien und Großbritannien zeugen davon." Vgl. Psychologie Heute, Heft 9/2010, „Gewalt 2.0", S. 76 ff.; „Die psychischen Folgen für die Betroffenen von Internetmobbing [...] könnten [Bundesjugendministerin Schröder zufolge] bis hin zum Suizidversuch führen", vgl. Focus-Online vom 24.03.2011: „Schröder (CDU) will gegen Mobbing-Webseiten vorgehen"; http://www.focus.de/politik/ weitere-meldungen/cyber-mobbing-schroeder-cdu-will-gegen-mobbing-webseiten-vorgehen_aid_611975.html

[23] Vgl. Welt Online vom 23.03.2011: „Mobbing ist das Erfolgskonzept von isharegossip", http://www.welt.de/ vermischtes/weltgeschehen/article12929898/Mobbing-ist-das-Erfolgskonzept-von-isharegossip.html

[24] Vgl. Der Standard Online vom 01.08.2010: „USA stellen Steuerhinterzieher an Internetpranger", http://derstandard. at/1277339353812/USA-stellen-Steuerhinterzieher-an-Internetpranger

[25] Vgl. Spiegel Online vom 19.07.2005: „Freier am Online-Pranger", http://www.spiegel.de/netzwelt/web/ 0,1518,365834,00.html

[26] Vgl. Weser Kurier Online vom 13.08.2010: „Mehr Sicherheit durch Internet-Pranger?", http://www.weser-kurier.de/Artikel/ Ratgeber/Multimedia/Internet/213784/Mehr-Sicherheit-durch-Internet-Pranger%3F.html

[27] Vgl. Spiegel 33/2009: „freiheit@unendlich.welt", Seite 75 f.

[28] Vgl. Süddeutsche Zeitung Online vom 04.04.2008: „Gute Nachbarn, schlechte Nachbarn", http://www.sueddeutsche.de/ digital/stadtplaene-im-web-gute-nachbarn-schlechte-nachbarn-1.259338

[29] Vgl. Tagesspiegel Online vom 09.08.2008: „Immer mehr Berliner denunzieren ihre Nachbarn", http://www.tagesspiegel.de/berlin/stadtleben/immer-mehr-berliner-denunzieren-ihre-nachbarn/1296596.html

[30] Vgl. eBay.com: „Community Values", http://pages.ebay.com/community/people/values.html

[31] Vgl. presse.ebay.de: „Fakten Weltweit", http://presse.ebay.de/news.exe?content=FW

[32] Vgl. presse.ebay.de: „Fakten Deutschland", http://presse.ebay.de/news.exe?content=FD

[33] Vgl. „Der Einfluss sozialer Netzwerkseiten auf den Bewerbungs- und Rekrutierungsprozess", Universität Erfurt / Monster Worldwide Deutschland, 2010

[34] Vgl. Spiegel Online vom 17.01.2011: „Facebook als Einbruchshilfe – Hacker stahl Hunderte Nacktfotos aus E-Mail-Accounts", http://www.spiegel.de/netzwelt/web/0,1518,739907,00.html

[35] Vgl. §52 der Abgabenordnung (AO)

[36] Vgl. ScienceBlogs vom 04.10.10: „Anbetung gewünscht", http://www.scienceblogs.de/wissenschaftsfeuilleton/2010/10/anbetung-gewunscht.php, Zugriff 8. Februar 2011

[37] Vgl. Aktenzeichen: 1 BvR 1750/09

[38] Vgl. Aktenzeichen: VI ZR 196/08

[39] Vgl. §31, Bundesverfassungsgerichtsgesetz (BVerfGG)

[40] Vgl. Juvenal, Satiren VI, Vers 347, vgl. auch: http://www.thelatinlibrary.com/juvenal/6.shtml

[41] Vgl. Die Zeit vom 20.01.2011: „Göttliches Band", http://www.zeit.de/2011/04/Apple-Chef-Jobs

[42] Vgl. Süddeutsche vom 06.10.08: „Opfer des Bürger-Journalismus", http://www.sueddeutsche.de/digital/apple-chef-steve-jobsopfer-des-buerger-journalismus-1.527072

[43] Vgl. W.I. Thomas und D.S. Thomas: „The Child in America", 1928, S. 572)

[44] Vgl. Eisenegger, Mark. Reputation in der Mediengesellschaft, Wiesbaden 2005, S. 37 ff.

[45] Vgl. Mark Eisenegger/Kurt Imhof, Funktionale, soziale und expressive Reputation, in: Ulrike Röttger (Hrsg.): Theorien der Public Relations, 2. Aufl., Wiesbaden 2009, S.243 ff.

[46] Vgl. ebenda

[47] Vgl. Focus Online vom 17.11.2008, http://www.focus.de/digital/internet/wikipedia-sperrung-lutz-heilmann-und-der-streisand-effekt_aid_349124.html

[48] Vgl. Tim O'Reilly: What is Web 2.0, 2006 [original]. Übersetzung auf: http://www.pytheway.de/index.php/web-20/63-einleitung

[49] Vgl. Jan Schmidt: Was ist neu am Social Web? Soziologische und kommunikationswissenschaftliche Grundlagen, 2008, in: Ansgar Zerfass et al. (Hrsg.): Kommunikation, Partizipation und Wirkungen im Social Web, Band 1, Grundlagen

[50] Vgl. BVDW: Social Media Kompass, 2009, S. 5.

[51] „Dell lies. Dell sucks. I just got a new Dell laptop and paid a fortune for the four-year, in-home service. The machine is a lemon and the service is a lie [...]"; vgl. Archiv des Blogs von Jeff Jarvis: http://www.buzzmachine.com/archives/cat_dell.html

[52] „I was thinking about this service process, in which Dell [...] make us suffer through service with them. They take some S&M glee in making us wait on hold and talk to their people for hours (costing them money, by the way)."

[53] Vgl. Gupta, Shankar, „Jeff Jarvis vs. Dell: Blogger's Complaint Becomes Viral Nightmare", http://www.mediapost.com/publications/?fa=Articles.showArticle&art_aid=33307, 19 Aug. 2005, zitiert nach „Dell Hell: The Impact of Social Media on Corporate Communication" vom 12.03.2009, https://learningspaces.njit.edu/elliot/content/dellhell-impact-social-media-corporate-communication

[54] „I'm typing this on an Apple Powerbook. I also have bought two more Apples for our home. But you didn't just lose three PC sales and me as a customer. Today, when you lose a customer, you don't lose just that customer, you risk losing that customer's friends. And thanks to the internet and blogs and consumer rate and review services, your customers have lots and lots of friends all around the world." Vgl. Offener Brief von Jeff Jarvis an Dell vom 17.05.2008: http://www.buzzmachine.com/2005/08/17/dear-mr-dell/

[55] „[...] search for Dell and read what they're saying about you. Get it out of your head that these are 'bloggers', just strange

beasts blathering. These are consumers, your marketplace, your customers – if you're lucky. They are just people. You surely spend a fortune on consumer research, on surveys and focus groups and thinktanks to find out what people are thinking. On blogs, they will tell you for free."

[56] Vgl. ZDNet vom 09.12.09: „Dell erzielt über Twitter 6,5 Millionen Dollar Umsatz in zwei Jahren", http://www.zdnet.de/news/ digitale_wirtschaft_internet_ebusiness_dell_erzielt_ueber_twitter_ 6_5_millionen_dollar_umsatz_in_zwei_jahren_story-39002364-41524131-1.htm

[57] Vgl. § 263 StGB

[58] Vgl. USA Today vom 21.08.2003: „'Star Wars Kid' becomes unwilling Internet star", http://www.usatoday.com/tech/ webguide/internetlife/2003-08-21-star-wars-kid_x.htm

[59] „'Star Wars Kid' wird unfreiwilliger Internet-Star […]. ‚Ich will mein Leben zurück', erklärte er in einem E-Mail-Interview mit der kanadischen Tageszeitung National Post." Vgl. USA Today vom 21.08.2003: „'Star Wars Kid' becomes unwilling Internet star" http://www.usatoday.com/tech/webguide/internetlife/2003-08-21-star-wars-kid_x.htm

[60] Vgl. Wikipedia: „Star Wars Kid", http://de.wikipedia.org/wiki/ Star_Wars_Kid

[61] Google-Suche beider Begriffe vom 14.04.2011

[62] Vgl. www.subservient-chicken.com

[63] Vgl. Wikipedia: „The Subservient Chicken http://en.wikipedia. org/wiki/The_Subservient_Chicken"

[64] Vgl. Informationsbroschüre des Datenschutzzentrums: „Happy Slapping und mehr – Brutale, menschenverachtende oder beleidigende Bilder auf Handys", https://www.datenschutzzentrum. de/schule/happy-slapping.pdf

[65] Vgl. Greenpeace vom 17.03.2010: „Kitkat: Süßes mit bitterem Beigeschmack", http://www.greenpeace.de/themen/waelder/ nachrichten/artikel/kitkat_suesses_mit_bitterem_beigeschmack-2/

[66] Vgl. Greenpeace-YouTube-Video: „Nestlé, kein Palmöl aus Urwaldzerstörung", http://www.youtube.com/watch?v=IzF3UGOIVDc

[67] Vgl. Horizont vom 18.03.2010: „Schockvideo von Greenpeace wird für Nestlé zum PR-Debakel", http://www.horizont.net/

aktuell/marketing/pages/protected/Schockvideo-von-Greenpeacewird-fuer-Nestl%E9-zum-PR-Debakel_90941.html

[68] Vgl. Spiegel Online vom 16.04.2010: „Unternehmen im sozialen Netz – Die Facebook-Falle", http://www.spiegel.de/netzwelt/web/0,1518,688975,00.html

[69] Vgl. Spiegel Online vom 16.04.2010: „Unternehmen im sozialen Netz – Die Facebook-Falle", http://www.spiegel.de/netzwelt/web/0,1518,688975,00.html

[70] „Thank you Nestle ... I would never have seen this video, if you hadn't had it kicked off YouTube. Now I'm forwarding it to all my friends, through Facebook, and guess what they are forwarding to all their mates. Fire your PR team. They are muppets"; vgl. Greenpeace-Video auf Vimeo vom 17.03.2010: "Have a break?", http://vimeo.com/10236827

[71] Vgl. Spiegel Online vom 16.04.2010: „Unternehmen im sozialen Netz – Die Facebook-Falle", http://www.spiegel.de/netzwelt/web/0,1518,688975,00.html

[72] Vgl. Offizielle Pressemitteilung von Nestlé vom April 2010: „Nestlé nimmt Stellung zu Greenpeace-Forderungen – Nestlé unterstützt Moratorium für den Regenwald", http://presse.nestle.de/presseinfo/nestle__1417/

[73] Vgl. Offizielles Firmenstatement: http://presse.nestle.de/unternehmen/statements/detail/36/

[74] Vgl. Greenpeace vom 17.05.2010: „Erfolg: Nestlé will Urwald schützen", http://www.greenpeace.de/themen/waelder/nachrichten/artikel/erfolg_nestle_will_urwald_schuetzen/

[75] Vgl. Jason Roe vom 19.02.2009: „Ryanair no credit card fee + 0.00 flight bug", http://jasonroe.me/blog/free-ryanair-freeflight-bug/ „jason! you're an idiot and a liar!!"

[76] Vgl. Spiegel Online vom 27.10.2010: „Internet-Satire – Falscher Twitter-Account blamiert Deutsche Bahn", http://www.spiegel.de/reise/aktuell/0,1518,725677,00.html

[77] „Our goal is to bring important news and information to the public. We provide an innovative, secure and anonymous way for sources to leak information to our journalists (our electronic drop box). One of our most important activities is to publish original source material alongside our news stories so readers and historians alike can see evidence of the truth." Vgl.

http://213.251.145.96/About.html

[78] Vgl. The Telegraph vom 27.07.2010: „Wikileaks Afghanistan: black operations unit carries out 'kill or capture' missions", http://www.telegraph.co.uk/news/worldnews/asia/afghanistan/7910871/Wikileaks-Afghanistan-black-operations-unit-carries-out-kill-or-capture-missions.html

[79] Vgl. Spiegel Online vom 26.07.2010: „Task Force 373 – Die dreckigste Seite des Krieges", http://www.spiegel.de/politik/ausland/0,1518,708507,00.html

[80] CSR: Corporate Social Responsibility

[81] Vgl. netzwerk recherche e.v.: „Die Macht der Pressesprecher – und die Rolle der Journalisten", http://www.netzwerkrecherche.de/nr-Positionen--Positionen-des-netzwerk-recherche/Positionspapier-Pressesprecher/

[82] Vgl. Spiegel Online vom 28.12.2010: „Hack-Welle – Hacker verunstalten ARD-, FDP- und CDU-Seiten", http://www.spiegel.de/netzwelt/web/0,1518,736859,00.html

[83] Vgl. §303a StGB

[84] Vgl. §303b StGB

[85] Vgl. Spiegel Online vom 30.12.2010: „Web-Guerilla offline – Unbekannte schießen Anarchoforum 4Chan ab" http://www.spiegel.de/netzwelt/web/0,1518,737104,00.html

[86] Der Spiegel 7/2011, Seite 135

[87] „The stories and informations posted here are artistic works of fiction and falsehood. Only a fool would take anything posted here as fact."

[88] Vgl. Wired vom 23.01.2008: „War Breaks Out Between Hackers and Scientology – There Can Be Only One", http://www.wired.com/threatlevel/2008/01/anonymous-attac/

[89] Vgl. Süddeutsche vom 06.02.2008: „Hacker erklären Scientology den Krieg", http://www.sueddeutsche.de/digital/sekte-im-internet-hacker-erklaeren-scientology-den-krieg-1.295806

[90] Der Spiegel 7/2011, Seite 134

[91] Benannt nach Lars Niggemann, dem ersten Mitarbeiter der Revolvermänner GmbH

[92] Vgl. Welt Online vom 28.05.2009: „Bahn bezahlt für PR in Medien und Internetforen", http://www.welt.de/wirtschaft/

article3822242/Bahn-bezahlt-fuer-PR-in-Medien-und-
Internetforen.html;
vgl. Lobbycontrol vom 07.07.2009: „PR-Rat rügt EPPA GmbH
und Deutsche Bahn", http://www.lobbycontrol.de/blog/index.
php/2009/07/pr-rat-rugt-eppa-gmbh-und-deutsche-bahn/
sowie das PDF des Beschlusses vom Deutschen Rat fürPublic
Relations (DRPR): http://www.drpr-online.de/upload/downloads_
98upl_file/DRPR_Bahn_EPPA_Beschluss_090627.pdf

[93] Bisweilen auch als „Black Hat SEO" bezeichnet – in Unterscheidung zu „Grey Hat SEO" und „White Hat SEO"

[94] „Wer in Beziehung auf einen anderen eine Tatsache behauptet
oder verbreitet, welche denselben verächtlich zu machen oder
in der öffentlichen Meinung herabzuwürdigen geeignet ist, wird,
wenn nicht diese Tatsache erweislich wahr ist, mit Freiheitsstrafe
bis zu einem Jahr oder mit Geldstrafe und, wenn die Tat öffentlich oder durch Verbreiten von Schriften (§ 11 Abs. 3) begangen
ist, mit Freiheitsstrafe bis zu zwei Jahren oder mit Geldstrafe
bestraft."

[95] Vgl. § 184b StGB, Verbreitung, Erwerb und Besitz kinderporno-
graphischer Schriften

[96] Vgl. § 130 StGB,Volksverhetzung

[97] Vgl. BVerfGE NJW 1991, 95–97

[98] Vgl. Golem vom 01.12.2010: „Gesetzentwurf für besseren Datenschutz im Internet", http://www.golem.de/1012/79802.html

Setze dir größere Ziele!

Warum schaffen es manche Menschen sehr viel besser als die Mehrheit, ihre Ziele zu erreichen? Erfolgreiche Menschen handeln anders als die Mehrheit, weil sie anders denken. Was sind die Erfolgsgeheimnisse hinter den erstaunlichen Karrieren von Arnold Schwarzenegger, Oliver Kahn, Heidi Klum oder Madonna? Wie konnten sie ihre hochgesteckten Ziele erreichen? In dem kurzweilig wie spannend zu lesenden Buch zeigt Dr. Rainer Zitelmann auf anschauliche Weise, wie Sie von diesen Persönlichkeiten lernen können, sehr viel größere Ziele zu erreichen, als Sie sich jemals vorgestellt haben.

Neugierig geworden? Lesen Sie mehr unter:
www.setze-dir-groessere-ziele.de

Setze dir größere Ziele!
Die Erfolgsgeheimnisse der Sieger
Dr. Rainer Zitelmann
304 Seiten
Hochwertige Geschenkedition
mit Goldschnitt
Gebunden mit Schutzumschlag
ISBN 978-3-942821-00-1
€ 24,99